那些人人都懂的销售技巧，你就别再用了！

日本销售大王教你99%的人都不会的说服攻心术

[日] 河濑和幸◎著　李娟◎译

古吴轩出版社
中国·苏州

图书在版编目（CIP）数据

那些人人都懂的销售技巧，你就别再用了／（日）河濑和幸著；李娟译．—苏州：古吴轩出版社，2016．11（2019.6重印）
ISBN 978－7－5546－0774－9

Ⅰ．①那…　Ⅱ．①河…　②李…　Ⅲ．①销售—方法　Ⅳ．①F713.3

中国版本图书馆 CIP 数据核字（2016）第 237074 号

责任编辑：蒋丽华
见习编辑：顾　熙
策　　划：封路路
装帧设计：主语设计

书　　名：那些人人都懂的销售技巧，你就别再用了
著　　者：［日］河濑和幸
译　　者：李　娟
出版发行：古吴轩出版社
地址：苏州市十梓街458号　　邮编：215006
Http://www.guwuxuancbs.com　　E-mail：gwxcbs@126.com
电话：0512-65233679　　传真：0512-65220750
出 版 人：钱经纬
经　　销：新华书店
印　　刷：河北盛世彩捷印刷有限公司
开　　本：880×1230　1/32
印　　张：7
版　　次：2016年 11月第 1 版
印　　次：2019年 6月第 3 次印刷
书　　号：ISBN 978－7－5546－0774－9
著作权合同登记号：图字10－2016－417号
定　　价：32.80元

如发现印装质量问题，影响阅读，请与印刷厂联系调换。0318－6658666

献给键山秀三郎先生

全世界名人、媒体对销售的探讨以及对本书的赞誉

不能只问顾客要什么，然后想法子给他们做什么。等你做出来，他们已经另有新欢了。

——史蒂夫·乔布斯（美国苹果公司创始人，前CEO）

在购买时，你可以用任何语言；但在销售时，你必须使用购买者的语言。

——玛格丽特·斯佩林斯(美国前教育部长)

一开始不要急着把产品卖给别人。

——乔吉·拉德（连续十二年荣登世界吉尼斯纪录）

虽然起步迟，只要不畏挫折，坚持到底，照样能超越他人。

——松下幸之助（松下电器创始人）

销售专业中最重要的字就是“问”。

——博恩·崔西（《销售圣经》《销售心理学》作者）

没有需求的地方，就没有购买的行为。只有发现、唤起，甚至创造客户对产品和服务的需要，才能实现一次成功的销售。

——汤姆·霍普金斯（房地产销售吉尼斯世界纪录保持者）

众所周知：人的因素是决定性的因素。众所未必知：人的潜能如何才能发挥得淋漓尽致？河濑和幸老师的实践给我们上了最生动的一课。

——日本电视台

如何让无人问津的商品变得熠熠生辉？河濑和幸的《那些人人都懂的销售技巧，你就别再用了》为你揭晓谜底。

——日本《朝日新闻》

作为“扫除学习会建设更美日本协会”关西支部的领导，河濑组织团队，不断改善，开展各种活动。他与人真挚交流的态度常常感染我，让我觉得做事很有动力；他让那些抱怨“这是一个什么东西都不好卖的时代”的销售员走出困境。

——键山秀三郎（日本著名汽车连锁店“黄帽”创始人）

河濑和幸老师举手投足都让人感受到他为人的真诚，让人由衷地佩服。他的培训课程也讲求实战有效，是我们这几年来最精彩、最有效的培训课程。

——藤本旭（日本山梨物流公司中层管理者）

日本人写的东西不错，视角很好。日本人的销售服务意识太强大了，让顾客有一种被尊重的感觉。顾客的消费体验好，就算最后不买，也只是因为现在真的没有需要。销售人员一样会照常谢谢顾客的光临，希望顾客下次再来看看。相比而言，中国的销售，真的应该好好学习此书的这种销售服务意识。

——李伟明（销售主管，35岁）

我是给店里员工买的书，买回来员工们争着看，他们反映书的内容很好。

——吴雅丽（服装店老板，40岁）

此书让我重新认识到了促销的真谛。内容都很有启发性，把复杂的东西，讲得通俗易懂，一分析还真是那么回事。平时销售中的一些以为能促进顾客购买的习惯性用语其实是收效甚微的。真心觉得这本书对我的帮助很大，对我而言，这是一本有着金子般意义的书。

——蒋玲（超市工作者，26岁）

有些销售经验的我读这本书依然觉得帮助非常大。里面大多数的建议和技巧都是非常实用且经典的。书中的建议涵盖销售员的行动、精神面貌以及思想，是一本不可多得的销售入门书籍。

——刘琼（服装销售者，28岁）

对于本书作者河濑和幸所讲述的各种销售技巧，感觉耳目一新。平时在义诊工作中和患者沟通时存在的问题与这本书中提到的一些技巧惊人地吻合，我感觉到销售（或者说市场）工作就是一个细节决定成败的工作。在日常工作中要经常换位思考，把工作中每一个步骤仔细思考，找出症结所在，寻找合理的方法给予解决。

——卢兆明（医生，35岁）

很不错的一本书，值得销售人员看看，当然一般人也可以看一看，因为大家都是消费者，更应明白商家的销售技巧，帮助自己更加理智地做出判断。要想业绩翻番就得用心付出，这里面包括大脑思维的付出和行动的付出。再者就是要注意细节，细节真的很重要，尤其是要顺应消费者的消费习惯和人的行为习惯。比如，店里不忙时就要装作整理货品而不是站在门口吓唬人（欢迎光临），因为有相当多的人是想看看，然后再决定购买，你太热情了就会吓到顾客。

——刘佩华（消费者，30岁）

老师推荐让我们都看一看这本书，里面有卖场的销售方法。看完此书发现原来从向顾客问好开始，到仪表仪容、发言、摆货方式、和顾客沟通交流都是有细节和技巧的，这让即将工作的我受益匪浅。

——肖雅（学生，23岁）

河濑和幸1955年生于北海道，现任河濑创意股份有限公司董事长。42岁才转行从事销售行业的他，却连续八年成为东急HANDS商城“销售大王”，并获得“业绩创造者”和“价格创造者”的称号。现在河濑主要经营他充满活力的公司，同时他经常参与演讲会和研究会，将自己研究的精华分享给更多的人。

河濑和幸先生创造的销售奇迹

年份	商品	单价	数量	备注
1998	轮胎	12,000日元	300个/20天	黄帽公司月间销售全国第一
1998	折叠自行车	7,800日元	50台/天	黄帽公司日销量全国第一
1999	信用卡		405张/3天	东方公司全国第一
2002	机能性裤子	2,980日元	300条/4天	东急HANDS名古屋店第一
2002	减肥健康食品	8,800日元	102个/天	东急HANDS全国第一
2003	足果树液坐垫	2,980日元	230个/3天	东急HANDS町田店第一
2003	厨房用土锅	5,300日元	43个/天	东急HANDS心斋桥店第一
2004	骨传导耳机	7,980日元	30副/天	东急HANDS三宫店第一
2004	安睡床	19,800日元	30张/天	东急HANDS心斋桥店第一
2004	机能性坐垫	8,190日元	15万个	东急HANDS年间全国第一
2005	高机能美容液	3,990日元	52瓶/天	东急HANDS年间全国第一
2005	大号内珠床垫	12,700日元	2000个/周	东急HANDS全国第一
2006	鞋垫	1,800日元	200双/天	东急HANDS三宫电鞋垫部门第一
2007	高回力床垫	19,700日元	3000张/周	东急HANDS月间全国第一
2007	凉感枕巾	3,480日元	3000张/周	东急HANDS月间全国第一
2007	儿童玩具	5,300日元	100个/天	东急HANDS月间全国第一
2006	厨房卫生用品	1,050日元	300个/天	东急HANDS月间全国第一
2007	商用拖鞋	5,145日元	10000双/年	全日空、日本航空、法务部、东急HANDS
2008	高机能香皂	3,990日元	10万个/年	东急HANDS月间全国第三
2007	巧克力	2,100日元	2000个/3天	日本经济报“情人节最想要的巧克力”第三
2008	橄榄油	1,975日元	1000瓶/3天	东急HANDS名古屋店第一
2009	多效美容啫喱	3,990日元	300个/2小时	东急HANDS化妆品部第一
2009	橄榄油	2,300日元	200瓶/一天	大丸神户店
2010	美容器	24,900日元	50个/一天	东急HANDS名古屋店第一

本书导言

人生处处皆销售，人人都是销售员。你要么在向别人销售，要么在被别人推销。销售已不仅是一种职业，还是一种生活技巧。简而言之，销售的核心就是说服：用“说话”让对方“服从”，以及用说话之外的技巧让对方服从，总之就是要让对方实现你的预设目标。

大多数销售人员所接受过的培训，都是套路，而消费者早就不吃这一套了。大家都很聪明，时间有限，所以不要浪费时间说那些人人都知道的套话、用那些大家都已经反感的手法，学点新的销售术吧。

“欢迎光临！想要点什么？有什么需要我帮您的吗？喜欢的话，可以看一看……这已经是打过折的价格了，不过你是第一个顾客，我再给你便宜点吧……”多数销售员都这么说，但他们都没意识到这样的套话让很多顾客反感甚至厌恶。让顾客讨厌的做法还包括：喋喋不休地介绍产品有多好，给顾客派发花哨的传单，人少时无所事事百无聊赖，过分热心地搭话，顾客投诉时推诿责任……

成功的销售员都是心理学大师，这不仅意味着他们知道顾客喜欢什么，更意味着他们知道顾客讨厌什么，以及其他销售员的哪些行为让顾客厌烦。本书是日本销售大王河濑和幸根据自己的经验和其他同行的教训，用二十年总结出来的实用干货。

现在这个年头，什么都不好卖吗？是的，原因是经过了几十年市场经济的熏陶，消费者变得“精明”了，而销售员还在学习那些所谓“经典”的销售手法。互联网经济时代，信息变得透明，原先神秘的“销售魔术”已经被揭穿，销售员要及时更新自己的知识库，让自己跟上时代，走在消费者前面，才能创造奇迹。

推荐序

所有从事服务、销售行业的人都应该读读这本书

日本著名汽车用品连锁店“黄帽”创始人 键山秀三郎

如果用一句话来形容“销售大王”河濑和幸的话，我想说，他是一个相当努力的人。

和河濑第一次见面是在1996年，至今十五年过去了。当时的河濑还是一个公司营业员，那次见面他是和他的上司一起来的。不过相比他的上司，我更加欣赏河濑的人品，于是，我们多年的深厚交情，就从那一天开始了。

相识之时还是营业员的河濑，在四十多岁的时候转投销售行业，成为一个极其优秀的销售员，创造出了非常优秀的销售业绩。而这一切光环都离不开成功背后的努力还有他独有的真挚。

我也是从卖自行车开始我的销售生涯的，可以说，直销是我工作的原点。但即便是有多年经验和一定成绩的我，也不得不承认在销售能力和宣传商品魅力的能力方面，是绝对比不上河濑的。这句话没有丝毫恭维的意思。

一件商品，即便摆在店里，如果不用心经营就会悄无声息地“沉睡”，最终沦落到被退货、被废弃的命运。销售员的工作就是叫醒这些一不留神就会沉睡的商品，并且用心管理，让商品焕发生机。

店里面那些无人问津的商品，只要经河濑的手开卖，就立刻变得熠熠生辉，成为顾客追捧的对象。之所以会产生这样的效果，是因为河濑自己研究出了一套向顾客宣传商品魅力的方法。他不仅用语言，更用各种姿势、手势，用自己的整个身体来向顾客介绍商品。

在事业上，松下政经私塾一直以来都给予我极大的支持，我也曾作为志愿者的领头人去支援私塾学生的选举活动，现在我都还记得当时发传单的场景。我也跟大家一起发传单，但十个人里边大概就只有一个会接我发的传单。回头看看河濑，十个人里面至少有八个人会接他发的传单！

为什么那么多人愿意接河濑发的传单呢？不仅是因为他发传单时很卖力，更关键的是他很会观察。他是在充分观察人群的整体流向和行人的视线之后再采取行动。

作为“扫除学习会建设更美日本协会”关西支部的领导，河濑组织团队，不断改善，开展各种活动。他与人真挚交流的态度常常感染我，让我觉得做事很有动力。我觉得不论是在男女老少都得接触的选举中，还是在“扫除学习会”的各种活动里，“销售大王”河濑都运用了销售手法。

人们通常都不太愿意把自己花了很长时间研究出来的好方法教给别人，但是河濑不这样。他想把自己研究出来的精华分享给更多的人，让更多从事销售行业的人们在工作中发现乐趣。河濑的气魄让我由衷地钦佩，所以，他出书我鼎力支持！

如果那些从事销售行业，还抱怨着“这是一个什么东西都不好卖的时代”的销售员们，看了河濑的这本书，并且在工作中进行实践的话，一定能走出困境，朝着好的方向发展。

而我本人也会把这本书视为珍宝，常置手边。

2010年7月末

自序

你也可以像我一样，一周实现销售额5900万日元

◎四十二岁，由于公司裁员，我离开大公司的营业部转行做轮胎销售员

“喂，伙计，来帮我看看轮胎啊？”

四十二岁的人了，被顾客叫为“伙计”。这个打击到现在我都忘不了。

“您是在……叫我吗？”

“除了你还有谁啊？”顾客一脸莫名其妙地说。

顾客的话让我深受打击，恨不得再反问他一次，告诉他不要叫我“伙计”。

在此之前，我是丸红旗下公司的优秀营业员，操纵的都是以亿为单位的资金，怎么就沦落到被别人叫作“伙计”这般田地了？我不甘心却又很无奈，心中万般纠结，泪水不自觉地模糊了眼睛。

因为被卷入了公司的内部帮派斗争，再加上公司裁员，我不得不从原来的公司转行到销售汽车用品的黄帽公司卖轮胎。站在轮胎店里，被顾客称为“伙计”也是理所当然的事情。但是当时的我死死抱着“我曾是丸红公司的优秀营业员”的自尊不放，无法接受眼前的事实，心里想着：“总有一天，我会再回到丸红那样的大公司！”

◎因为东西卖不出去，我患上了神经衰弱

心态不端正，商品自然是卖不出去的了。

即便是这样，为了让自己拿出干劲，我反复地用“只要努力，就一定能成功”之类积极的话来激励自己。但是这样的话说得越多反而越打不起精神来了。怎么会这样呢？当时的我不清楚其中的原因，现在想一想，“只要努力就行”之类的话是没有根据的。

就像很多成功哲学书上讲的一样，像念经一样反复重复积极的语言，如果没有一些技术技巧作为支撑的话，潜意识会认为那是无法实现的。因此，嘴里积极地鼓励自己，心里却越来越消极。总之，我完全陷入了每况愈下的“倒螺旋”状态。这种糟糕的状态一直持续着，我变得精神不安，患上了神经衰弱症，也越来越讨厌销售这份工作。

四十二岁，我却沦落成了卖轮胎的“伙计”

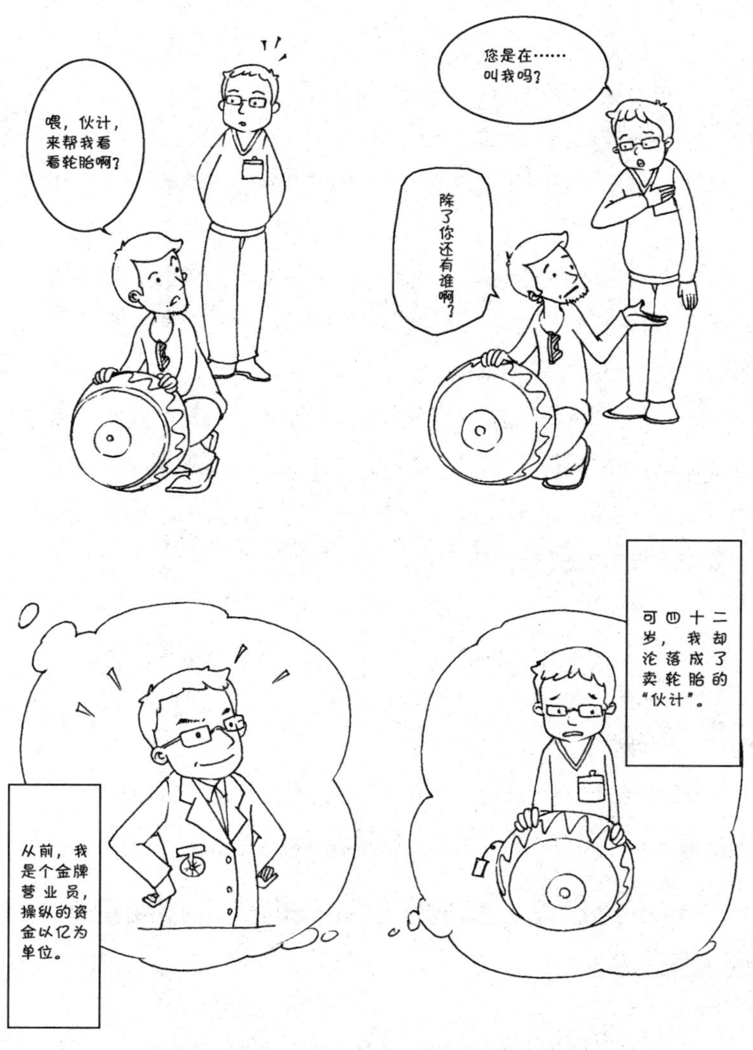

◎救世主现身

糟糕的状态持续了四个月，终于有一天，我遇见了一个人，是他让我看见了销售的乐趣所在。

这个人就是米其林轮胎的营业员。

之前对轮胎一窍不通的我，拿出勇气向他打听轮胎的相关知识。

我想，我至少应该对自己卖的东西有所了解吧。米其林的营业员跟我讲了轮胎诞生的秘闻、开发轮胎时的艰辛等等，这些故事让我改变了对轮胎的看法。

之前我觉得轮胎就只是一个简单的物品，在了解了轮胎也有这么多有趣的故事以后，我对轮胎产生了浓厚的兴趣。

以此为契机，我开始认真思考："怎样才能让轮胎畅销呢？"于是我开始学习各种销售技巧。

最初也是很不好卖，但是在一次次的反复尝试和失败中，销售形势开始一点点好转。商品好卖了，工作也变得有意思了，于是我又开始尝试各种销售方式。

如此这般，当我回过神来的时候，发现自己已经从"倒螺旋"中抽身，以"正螺旋"的形式逐渐上升。

◎不经意间，我成了能让任何商品都畅销的"销售大王"

当我觉得销售工作变得有趣的时候，我经手的商品也就越来越好卖。不久之后，我在黄帽创下了轮胎销量全国第一的成绩，受到了表彰。卖折叠自行车的时候，我举着手绘的宣传纸板站在路边，招揽等红灯的车，五十辆自行车一天就卖完了。

几年以后，我从黄帽独立出来。在做销售员兼销售顾问期间，也以东急HANDS商城为中心，在各个店卖香皂、护肤品等各种各样的东西。

东急HANDS商城经营的商品多达十七万种，但连续八年，我卖的各种商品都取得了销售额第一的成绩。每瓶3990日元的“类胡萝卜素护肤啫喱”，我两小时卖完了300瓶。虽然护肤啫喱是我们男士用不上的东西，我还是在两小时内创下了销售额120万日元的纪录。

于是我来者不拒，开始卖各种商品。在我一次次成功地全部销售一空之后，大家评价说“没有河濑卖不出去的东西”，并给我取了“销售大王”的绰号。但是，我并没有因为这些光环而自满。

很多人都认为，要想提高销售额，首先要善于和顾客交流，还要稍微有点魄力促使顾客买。如果是男销售员，长相也很重要，除此之外，性格还要外向。但事实并非如此。

这样一个四十二岁才开始做销售，还曾因生活的无奈流泪的我，想要告诉大家：

“只要掌握销售技巧，任何商品都能畅销！”

成功没有侥幸

我创下了2小时销售120万日元的纪录。
円3990
连续八年，我都取得了销售额NO.1的成绩。
2
1
3
当年
四十二岁才入行
被迫卖轮胎为生
现在
志得意满
做稳“销售大王”

◎我要把我掌握到的销售技巧传授给所有还在发愁的销售人员

只要有技巧什么都能卖出去。

最近的一件事足以证明这句话——

我把我的销售技巧教给几个每天换卖场卖香皂的女销售员。我的意见让她们茅塞顿开、恍然大悟。第二天，她们的销售额从原来的每天一万日元，提高到了平均每天六到七万日元的水平。发现销售乐趣的她们开始竞争谁的销售额高，不断刷新纪录，这让香皂的生产厂家都大吃一惊。只要有技巧，一天的销售额可以达到原来的五倍甚至七倍。

我想把我投身销售十年掌握的销售技巧，传授给像曾经的我一样在为商品卖不出去而苦恼的人们。于是，我提笔写下这了本书。

在卖场，稍微下一点功夫，观察一下客人，都可以让销售额大有改观。直销以外，通常的客服、营业等行业的根本也都是想让顾客高高兴兴地把商品买回去。虽然我是从营业部转行到销售，但我一直都在思考："顾客在想什么？""怎样跟顾客接触能让顾客自己想要、想买？"因此，不论是在营业部还是做销售，即便行业不一样也都可以通过思考让销售额越来越高。

◎能教你销售技巧的人寥寥无几

为商品卖不出去而烦恼的销售员有很多，这其中也许有一些时代因素吧。但我认为，只要销售员有技巧，就一定能让商品好卖。可是现状是，有教销售员如何问好、如何待客的人，而能教别人销售技巧的人却寥寥无几。因此，我很希望大家能看看这本书，掌握销售的技巧。

如果你是销售员，那请务必把本书介绍的技巧一个一个地运用到实践中，它一定能让你销售的商品畅销。

如果你是老板或店长，那就把这本书介绍给你的员工们吧，相信它一定能让你公司或者店铺的销售额涨上去！

好，接下来我们直奔主题，一起来看看销售中都可以用到哪些技巧吧！

河濑和幸　2010年7月

目　录

第2章 为什么顾客总是躲着你走？

第3章 你说的都是套路，顾客为什么要听？

第4章 说得再多，顾客听进去的只是几个关键词

第5章 说服的艺术不在于“说”，而在于“服”

第6章

你的目标不是卖掉，而是卖光

前言

我那些舍不得一个人独享的销售哲学

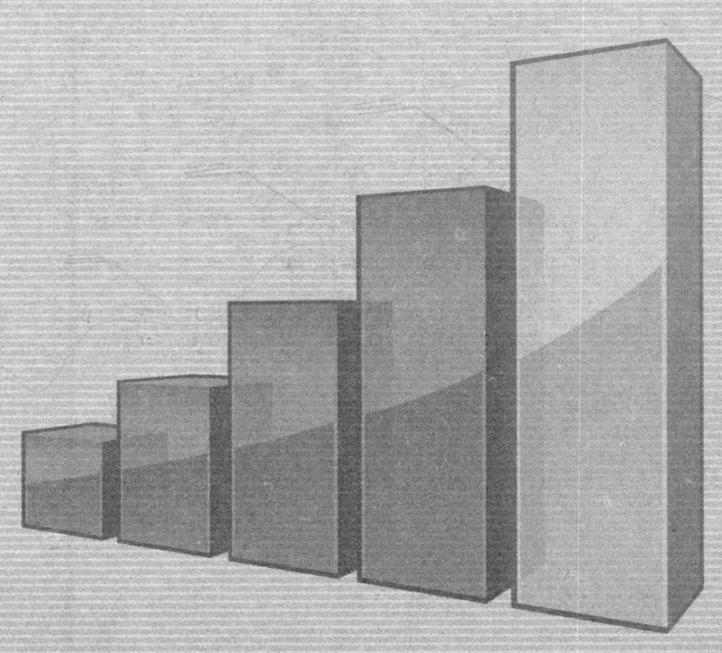

今天，作为销售员，不论给我什么商品我都有信心把它卖出去。但是，我四十二岁刚刚进入销售这行的时候真的是吃尽了苦头。那时的我对自己销售的东西不感兴趣；因为不感兴趣所以不会介绍商品；因为不知道怎么介绍自己的商品，所以连和顾客打招呼都害怕；害怕和顾客打招呼，于是开始躲着顾客；躲着顾客的话，再好的东西都卖不出去；东西卖不出去我压力也大，于是情绪低落，对工作提不起精神。像这样，我陷入了一个“倒螺旋形”的恶性循环。

幸运的是，通过一件事，我发现了销售的乐趣。于是我开始研究销售，尝试各种销售方法，在这一过程中，我掌握了一个又一个销售技巧。如果我的经历能够给正在为工作烦恼的销售员提供一些参考的话，我感到非常荣幸。

1. 从一无所有到连续八年全国销售冠军

1.1　四十二岁那年，我失业了，不得已成了一名销售

“难道我真的沦落到这般田地了？一把年纪了还不得不做销售……”之前我在丸红商社下属的公司上班，是大公司的营业部的员工，掌控着以亿为单位的资金。现在的我却穿着围裙站在卖场，在以一般消费者为销售目标的黄帽公司卖汽车用品。这是我做梦都没想到的。前后反差太大，这对我来说是一个很大的打击。

本来我对汽车就不感兴趣，所以当顾客问我“什么油好，哪种导航仪好”的时候，我完全不知道该怎么回答。然后觉得自己什么都做不了，待在店里也不好，于是转移到户外做销售。去过汽车用品店的人都知道，店外面有停车场，停车场旁边的屋檐下堆放着轮胎。我想，如果站在这个地方，应该就不会有人问我跟汽车用品相关的问题了，于是我就逃到了放轮胎的地方。

我里面穿着西服打着领带，外面套着围裙，拿出轮胎销售员该有的微笑，就那么站着。西服外面穿围裙，看着很奇怪，但是，我这么穿是为了让自己觉得我离卖场还是有一段距离的。那时的我认为，卖场的工作很低下，离卖场远的人才是优秀的。我梦想着某一天我还会回到丸红商社那样的大公司，做能影响世界的工作。

但是，正如我在本书开篇的时候说的那样，即便我穿得一本正经，还是被顾客称为“伙计”。我伤心至极，眼泪都掉了下来，从此不再用穿西服来自我安慰。

那么，这样一个失意的我又是怎样迈进了销售世界的呢？下面请你听我娓娓道来。

1.2 遇见百货大亨改变了我的人生

1995年阪神大地震的时候，我还在丸红下属的一个建筑公司上班。当时的我谈一笔生意都会动用上亿的资金。地震后我接到了转任到大阪的内部调动通知，因为地震后会有很多地方要重建，我们建筑公司需要往那边发展。但是我出生在北海道，对关西地区很不熟悉，所以刚开始我拒绝

了调动。后来我一向尊敬的上司对我说这件事非我不可，于是我背上行囊，来到了大阪。

◎为了开发新客户，我扫了二十七天厕所

到了大阪以后，我立刻着手寻找客户。黄帽公司当时也是我们的目标客户之一。我在电视上见过黄帽公司创始人键山秀三郎先生，他带头打扫公司的厕所，然后跟大家解释为什么要打扫厕所。当时的报道给我留下了深刻印象。

为了把黄帽公司发展为我的客户，我去了黄帽公司大阪事务所，请相关人员允许我打扫他们事务所的厕所，对方很爽快地答应了。于是我每天早上七点就去黄帽大阪事务局打扫厕所，打扫完了再去我的公司上班。这样的日子持续了二十七天，然后我收到了好消息，说最近几天键山先生会来参加“大阪扫除学习会”的活动。于是我拜托黄帽的负责人允许我在键山先生下榻的宾馆招待键山先生一下。

◎抓住键山先生的心的一餐

说是请键山先生吃饭，我并没有像其他人一

样请他去饭店或者俱乐部，也不和他同席就餐。我在一个小孩子用的水壶里装了四分满的茶，茶叶是在京都山科一保堂茶铺买的，茶旁边放上三粒梅干，就这么简单。然后我拜托宾馆的工作人员把我的名片正面朝下送给了键山先生。

其实这看似简单的招待里面，有我的想法和深意。我知道键山先生是一个不喜欢铺张豪华的人，而且键山先生也是在参加了很多聚会宴席后拖着疲惫的身体回到宾馆的。因此我觉得形式越简单越好，就只上了茶和几粒梅干。

选一保堂茶铺的茶也是有原因的。我曾在新闻报道中看到过这家茶铺的经营理念是“踏踏实实地走脚下的路”，这种理念和键山先生的思想是一致的。而且我调查到“打扫厕所，磨炼意志”这种思想的开山鼻祖西田天香先生设立的“一灯园”也就坐落在京都山科。梅干又被称为“黑梅”，是德川吉宗喜欢吃的东西，当时NHK正在热播的大河剧主人公就是德川吉宗，于是我挑选了这种梅干。

在壶里只装四分满的茶，是因为我听说键山先生不喜欢剩东西，如果装得太满他喝完肯定会

肚子胀。我准备了三粒梅干，估计键山先生会剩下两个，于是我又准备了一个可以装到西服兜里大小的小盒子；如果键山先生想留着以后吃，可以放在盒子里保存。把名片正面朝下，是为了引起键山先生的好奇：“这到底是谁给我准备的呢？”然后亲手把名片翻过来。

第二天，下大雨，我还是像往常一样参加“扫除学习会”，在大阪公园的会场里整理东西。这时候有一位个子小小的大叔朝我走来：“早上好，我是键山，谢谢你昨天为我准备的茶，非常好喝。”刚开始我还没反应过来是谁，仔细一看，果然是电视和报纸杂志上经常登载的键山秀三郎。就这样我结识了键山先生。

◎“你已经不是丸红的员工了，马上给我搬出去！”

就这样黄帽公司成了我们公司的客户，我和键山先生也成了好朋友。工作就这么顺利进行着。来大阪的第三年的一天，我一直追随的上司在公司内部的派系斗争中败下阵来。我也受牵连，卷入了这场斗争中，最后只有两条路，要么加入赶走我上司的一帮，要么离开公司。当时的我没有

丝毫的犹豫，要我背叛一直以来给我很多帮助的上司我做不到，于是辞职了。我觉得自己一定可以渡过难关，找到新方向。

但是，事情并不是我想象中那么简单。我没有遇到合适的机会。当时我住的地方是通过公司租到的房子，我辞职后，房东要我搬走："你已经不是丸红的员工了，马上给我搬出去！"我请求房东："房租我自己负担，请您还是继续把房子租给我吧。"但不管怎么说，房东都不答应。当时我们家根本没有钱去另外租房子。这样一来我就只能丢掉所有家具回老家了。我、妻子还有两个上小学的孩子，一家四口，当时真的已经走到山穷水尽的一步。

这时候有一位自称是代理人的男士打来电话，问我可不可以立刻出去见一个人。碰面的地方是在大阪北新地的一个酒吧。我匆匆收拾了一下，赶了过去，推开那家店的店门，我发现一个人坐在那里等着我，不是别人，正是键山先生……

◎"你愿不愿意来我的公司帮我啊？"

店里只有键山先生一个人。后来我才知道，

原来键山先生为了和我谈话不受影响，花钱包了场。打电话给我的是键山先生的儿子，他是从他儿子那里得知我的境遇的。他深深地低下头对我说了一句：“河濑啊，你愿不愿意来我的公司帮我啊？”键山先生没有说“你来不来我的公司”而是问我“愿不愿意来我的公司帮我”。我被他的良苦用心深深打动，告诉他：“我很愿意，请您多多关照！”找不到工作已经穷途末路的我，在那一瞬间掉泪了。就这样，我进了黄帽公司。

1.3 “轮胎不是圆的”让我豁然开朗

在本书开篇我也说过，刚刚进黄帽公司时，我是一个很笨的销售员。但是当我意识到我已经无处可去的时候，我脱掉西装摘掉领带，换上了普通的裤子和衬衣。虽然对商品还不是很了解，反正我每天就先去打扫厕所，再到停车场打水，每一天都在停车场站八小时。有句俗话叫“屁股上带刺”，意思就是一个人怎么都静不下心来。可以说当时还没有自信向顾客介绍商品的我，就是那种状态。

孤零零地站在停车场的我终于遇到了向我伸

出援手的伙伴，那就是被风吹雨打，中间积了很多雨水的轮胎们。它们一言不发，接纳了孤单的我。我把轮胎里的积水一瓢一瓢地舀出来，然后再用抹布把轮胎擦干净。我觉得："这样我就有实质性的工作了！"对于闲得不能再闲的我来说，总算是有事可做了。

从那天开始，我每天都擦轮胎，擦的时候我发现轮胎的侧面写有文字和数字。当时的我甚至不知道那些文字和数字就是轮胎型号。于是我就问店里的店员这些文字和数字是什么意思，大多数店员都会一脸鄙视地说："连这个都不知道啊？"但是有一位米其林轮胎的营业员就不这样，他耐心地给我讲了很多关于轮胎的事。

· 为什么会出现轮胎这种东西呢？它又是怎样发展变化的呢？

· 发明轮胎的契机是什么呢？

· 最先制造轮胎的是谁？在制造过程中他遇到了哪些麻烦呢？

听了米其林轮胎营业员的讲述，我对轮胎产生了浓厚的兴趣。现在回想一下，那是我第一次理解了商品的本质，可以说那是我对商品产生兴

趣的原点。

以前的我只觉得商品就是一个东西，了解到它背后还有那么多背景和故事以后，我才恍然大悟。那时给我留下的印象最深的话题就是“轮胎不是圆的（不是标准的圆）”。以此为契机，我开始认真思考怎样才能把轮胎卖出去。然后我就开始学习各种销售技巧，同时也学着观察顾客。

如果当初我没有遇到米其林的这位营业员，也许就没有今天的我。因此，到现在我都很感谢那位营业员，是他让我睁开了眼睛，迈开了脚步。

◎轮胎销量全国第一，我受到表彰

因为遇到了米其林轮胎营业员，我对轮胎产生了兴趣，但是当时的我不知道怎么把我学到的轮胎相关知识运用到销售中，我还是一如既往地擦轮胎。不过和以前不同的是，我不是一言不发地擦轮胎，而是边擦边念叨我听来的关于轮胎的故事：“黄帽黄帽，黄色的小帽，要买轮胎就来黄帽。轮胎啊，哎，它不是圆的？”

这么念叨着，有一天就有顾客跟我搭话了：

“伙计，是真的吗？轮胎为什么不是圆的？”这样我就很自然地和顾客聊上了，然后就有顾客让我帮他检查一下轮胎。米其林轮胎的营业员教过我如何检查轮胎，如何判断是否需要更换。于是我按照他教的去检查，把轮胎的情况真实地告诉顾客，轮胎就在不知不觉中一点点卖出去了。

◎不强烈推荐自己的商品反而能让自己的商品好卖

有时候即便你告诉顾客轮胎差不多该换了，顾客也不一定会买。但是只要成功卖出去一两次，工作就变得有意思了，然后我就开始思考怎样才能卖出去更多。

有的顾客会问价格和别的店的有没有差别，这时候不要马上说自己的商品比别的地方的便宜，你可以告诉顾客一些背景：“如果一个厂家给超过500家店供货的话，每家进价都是差不多的，到了各个店卖价也差不多，最多也就相差500日元左右。我这里有另一家店铺的地图和电话号码，你可以先问问那家店是什么情况。”说完把画着地图写着店铺电话号码的纸条递给顾客。大多数顾客都会相信你说的话，觉得价格差别也不大，没

必要去别的店，就直接在你这里购买了。

下雨的时候我会举着印有黄帽标志的伞走到驾驶席旁边去迎接顾客。趁机看看顾客车内的装饰，以判断什么档次的轮胎更合适。总之，就是根据顾客的消费能力来推荐适合顾客的轮胎。我还会计算一下顾客的车大概什么时候需要换轮胎换油，送一些手绘的明信片给顾客。就这样通过一些技巧和努力，我经手的轮胎卖得越来越好。进公司六个月后，我一个月卖出去300个轮胎，销售额达到了日本全国第一。

2. 百货大亨的“扫除哲学”启发了我的销售哲学

在黄帽的时候我曾跟随键山先生参加过很多次“扫除学习会”的活动，键山先生有事去不了的时候我就代他参加。日本国内几乎所有地方我都去过，还专门去过在巴西的一家日企。在那里我还当过日本足球代表的监督员，见过很多知名的球星。我和键山先生一起参加活动的次数超过

一百次，所以我直接从键山先生那里学到了“扫除哲学”。

键山先生教给我的道理有很多，其中“坚持”和“观察”两项，在我的销售工作中起到了很大的作用。我和键山先生有过这样一段对话：

“键山先生，全国有三十多万人参加‘扫除学习会’，您怎么就能成为站在大家前方的领头人呢？”

“河濑你不知道其中的原因吗？”

“我不知道。”

“原因很简单，一直坚持扫除的，只有我一个人。”

那一瞬间，我真正感受到了“坚持就是力量”的深刻内涵。

我进销售这行的时候已经四十二岁了，在大家看来已经很晚了。如今的我能怀着“什么都能卖出去”的自信站在店里销售，都是因为我铭记着在键山先生身上学到的坚持的重要性。

可以说键山先生是一个很爱观察的人，他常常观察周围的人和事。我受其影响，也经常观察

顾客的行为。所以我在观察中总结出来的销售技巧，都是在实践键山先生教我的道理的过程中一点点积累出来的。

3.我那些舍不得一个人独享的销售技巧

◎以销售顾问的身份独立出来，开始卖各式各样的商品

在黄帽任职三年以后，我离职了。心怀键山先生教给我的各种道理，我以销售顾问的身份独立出来，一面指导销售员，一面自己也做销售，为一些不知名的商品做销售战略策划。

独立后我卖的第一件商品叫“智慧坐垫”，是一种保健坐垫。厂家是我的熟人，是他们的总经理直接拜托我帮忙销售的。在此之前我只卖过汽车用品，所以开卖的第一天我还在思考怎么卖才好。第二天以后，我开始使用以“观察科学”和“行为心理学”为基础的技巧，按预定把坐垫销售一空。厂家的总经理很感谢我，我独立后的

第一次销售也以成功收尾。

之后我也接到来自朋友、熟人的拜托，以东急HANDS为中心，在各个店铺进行销售。不管别人委托我卖什么东西，我都能将它销售一空。发展到后来就有人说我是“连牙签都能卖出去的人”“连石子儿都能卖出去的人”。这样的传言经过大家口口相传，就有越来越多的厂家委托我销售。有的就委托我销售三天，有的把销售策划也委托给我。接到销售策划的委托时，我就会用前面说到的通过送负责人画有商品图像的明信片的方法，把一件商品培养成热门商品。

独立以来，我销售过包括化妆品、香皂、玩具、毛巾、厨房用具、床、床垫、坐垫等各种各样的商品。去过的店铺也很多，以东急HANDS为首，还去过大丸百货店、三越、近铁百货店、东急百货店等地方。北到北海道，南到九州地区，我在日本全国各地的百货店和超市都尝试了我的销售技巧。不论是什么商品，不论在什么地方，我拿到指定的商品就在指定的地方销售，销售过程也不断地磨砺我的销售技巧。

前些日子我在一家店卖橄榄油。这种橄榄油

分为松、竹、梅三个级别，从上到下摆放在货架上。我听说通常有三个价位的时候，中间价位的“商品”应该最好卖。但是第一天卖完我发现，实际上“梅”这个价位的橄榄油最好卖。“梅”这个级别的橄榄油摆放在从上往下数的第三格货架上，标价牌在顾客视线以下的地方。于是，第二天，我把“竹”和“梅”换了一下位子，在顾客的最容易看到的地方放上“梅”的标价牌。

这就是我所说的，到了“嗯，买还是不买呢”这一阶段，顾客就会想知道商品的价格。把价格放在顾客很容易看到的地方，购买的概率就提高了。结果“梅”这一档次的橄榄油比第一天卖得还要好。这就是我在观察中总结出来的科学。

◎开店仅十分钟，我卖了十六万日元

还有一件事更能体现观察的重要性。那是我从黄帽退职后，在东急HANDS心斋桥店卖一种叫“智慧坐垫”的倾斜坐垫的事。开店仅仅十分钟我就卖出去了十六万日元的商品。

一切的机缘就是地板上的一道黑色的擦痕。这道黑色的擦痕是拖着鞋跟走路时划出来的，我

知道这大概是腰不好的顾客走过时留下的痕迹。打扫卫生的人为了去掉这道痕迹，把地板擦了好多次，我好奇这是什么痕迹，就向打扫的人打听了。于是，我估计出划出这道痕迹的顾客会走的通道，在通道旁边准备好椅子和坐垫等着那位顾客来。

“顾客，您请。”

“嗯？是要我坐下吗？”

“是的。”

“哎，坐着这垫子，腰好舒服啊！”

顾客之所以会感到腰很舒服，是因为坐垫是微微前倾的，坐上去背是挺直的，腰上没有负担。

顾客说坐上去腰舒服，于是我断定她的腰不好，就把她引导到卖高回力床垫的地方，让她躺着感受一下。这种床垫和我们熟知的低回力床垫完全是不同的概念，弹力很强也很硬。顾客一边躺着一边跟我说：“我家里人送了我一个很贵的床垫，但是我睡上去腰不舒服；相比之下，这个床垫躺上去真舒服啊！”

听了顾客的话，我知道顾客得解决的问题是，

如果买了这张床垫回去怎么跟家里人解释。于是我给她出了很多主意。

后来顾客就那么躺在高回力的床垫上，从裤包里掏出钱包抽出一张卡递给我：

“伙计，这个床垫我买了。”

“这个床垫很贵，要六万日元呢，您要不要再考虑一下啊？”

“不用考虑了，我想买两个这么大的。”

“两个这么大的价格也要翻倍啊！”

“那没关系。对了，刚才那个坐垫我也要买，还有保护眼睛的荧光灯，你帮我挑挑。”

本来这位顾客是想来买荧光灯的，结果买了十二万日元的高回力床垫、八千日元的倾斜坐垫、三万日元的荧光灯。这个实例绝对可以说是通过观察大获全胜！

◎从经理的话里得到了灵感

每次卖一种新商品的时候我都会发愁：“怎么办呢？这个怎么卖才好啊？”在近铁百货卖蕨菜饼的时候，我也犯愁了。“看来我‘什么都能卖出去’的神话要在今天终结了……”之前卖的所

有商品我都用各种方法达成了目标，但是这次我的心扑通扑通地跳，一时想不到对策了。上午我也尝试了很多方法和技巧，但是一点效果都没有。蕨菜饼店的经理委托我的时候说："如果今天卖不到六万日元的话，我家的蕨菜饼就可能会被撤下架了，所以，无论如何请您想想办法，拜托您了！"想到这里，我心理压力就特别大。

没有什么收获，上午就过去了，中午蕨菜饼店的经理来看销售情况，我约他一起去吃饭休息。为了能找到销售的出路，我问了经理一个问题："经理，过去蕨菜饼都是怎么卖的呢？"

问这个问题是因为我上午观察了一下，到近铁百货购物的年轻人很少，几乎都是上了年纪的女顾客。

经理回答我说："过去卖蕨菜饼都是一边吆喝'蕨菜饼咯——蕨菜饼咯'，一边卖的。"

听了经理的话，我突然得到了灵感，就是这个了！我混沌的天空，突然透进了一缕阳光。

下午开始，我就吆喝起来了："蕨菜饼咯——蕨菜饼咯——令人怀念的味道，乌鸦妈妈也在叫——"

结果，上午对我充满朝气的问候根本不搭理

的大妈们都一个接一个地凑了过来。“伙计，你真厉害，早年蕨菜饼就是这么吆喝着卖的，来，给我来两个！”

来买的顾客越来越多，当天预订的300个蕨菜饼下午四点就卖光了。经理高兴地拉起我的手，他心里的大石头也放下了。

◎顾客着急的时候听不进去我介绍，那我就在顾客听得进去的时候介绍

我曾在一家百货店的地下商场卖过玄米面包。委托我的人说这是第一次把产品推向市场，让我一定帮帮忙。但是，店铺的位置很差，不远处就是女厕所。从卖场路过的顾客大多数都着急去洗手间，没时间听我介绍。那我该怎么办呢?

我想：“既然顾客着急去洗手间不会听我介绍，那我就在顾客有时间能听进去的时候介绍吧。”于是，我开始认真观察路过的顾客，结果发现平均每个顾客从进洗手间到出来耗时3分30秒。于是，我把说话时间控制在3分30秒左右，让在厕所里的顾客能听完我的介绍。

“玄米面包对身体有益，因为它富含纤维，能

清理体内垃圾，因此能让您肠道通畅。玄米面包卡路里也很低，是很有效的减肥食品。相信大家都知道玄米的效果吧。所以，早上可以吃玄米面包，中午可以吃玄米面包，晚上也可以吃玄米面包。各位顾客来尝一尝吧，你会发现‘哇，原来这个面包这么好吃啊’！”

我把这一招取名叫“声音炸弹战略”。这个战略很成功，当天准备的500个玄米面包，下午六点就全部卖光了。

◎通过让顾客感受到巨大差异而大卖的起酥油

有一家专门进口哥伦比亚食品的代理店曾委托我销售一种起酥油。这种起酥油不含反式脂肪酸，对身体有益。说实话，刚开始我真不知道该怎么卖才好，想了很多办法。起酥油是做点心时代替黄油的东西，加了起酥油吃起来会有酥脆的口感。因此要是能让顾客尝到用起酥油做出来的点心就最好不过了。这时我发现这家店里有售做菜用的香蕉。那不是我们平时直接吃的黄黄的香蕉，这种香蕉比较硬，颜色还比较青，就是用来做菜的。开卖之前我先用起酥油炸了几根香蕉尝

了一下，发现口感非常好，就像炸红薯一样。

于是我开始吆喝了："充满回忆的'大学香蕉'咯——比栗子还好吃——它漂洋过海从哥伦比亚远道而来……"一边吆喝一边请顾客品尝。很多顾客的反应是："这真的是香蕉吗？简直跟红薯一样！"我把顾客的疑问和惊叹之前的差距称为"让人大吃一惊的差距"，而制造这种差距的就是我要卖的商品。

估计顾客快吃完了，我就开始介绍商品："一般的起酥油都含有大量的反式脂肪酸，对人体有害，但是这种起酥油不含任何有害物质，它使用的是100%的有机棕榈油……"这么一说，眼前的起酥油就迅速卖光了。有的顾客还想买做菜用的香蕉，于是第二天开始，我把起酥油和香蕉搭配着卖。结果，不仅起酥油卖光了，香蕉也都销售一空。

◎利用顾客的声音和口头传播销售一空的"类胡萝卜素美容啫喱"

到现在为止，我销售过很多种商品，其中有一样创造了从开卖到卖光的最快纪录，那就是我在东急HANDS池袋店销售的类胡萝卜素美容啫

喱。当天池袋店准备了300瓶，平时价格是每瓶6090日元，当天搞活动售价3990日元一瓶。这种啫喱我以前卖过，有信心将它销售一空，但是我真没想到能那么快就卖光了。

一开店就有顾客进来了，感觉像是回头客，手里拿了六瓶。我轻轻上前，递了一个购物筐给顾客："您用这个吧，手里拿六瓶不方便。"

顾客："啊，谢谢你！这个啫喱我去年用过，效果非常好，今天搞活动，所以我又来买了。"

我："谢谢您惠顾，一瓶能用两个月是吧？"

顾客："是啊，所以我一起买六瓶，这样就能用一年了。要买还是现在便宜啊！"

旁边的一位顾客听到了我们的谈话就向买了六瓶的顾客打听："这个真有那么好的效果吗？"接着两个人就开始谈论啫喱。

"真的是这样啊，那我也买！"一瓶，两瓶，三瓶，这位顾客也买了三瓶。一旁的顾客听到了这两位顾客的对话，也一言不发地拿了两瓶美容啫喱放进购物筐。

就这样一个接一个地顾客吸引顾客，开店才一个半小时，准备的300瓶啫喱就卖光了。此期间我就说了两次话，第一次是开店时一句"让大

家久等了”，第二次就是和一次买了六瓶的顾客的对话。商品的优点和作用，都是顾客自己在说。这就是最为典型的顾客口口相传的效果。

事情到这里还没结束，300瓶卖完以后，我立刻给东急HANDS新宿店的负责人打电话，得知那边还有1000瓶的库存。于是我告诉来晚了没买到的顾客：“各位顾客，本店的类胡萝卜素美容啫喱已经卖完了。不过东急HANDS新宿店还有1000瓶的库存，我现在就要去那边，有想买的顾客请前往新宿店。”就这样顾客跟着我去了新宿店。结果新宿店的1000瓶也在傍晚全部卖出去了。

◎稍微下点功夫，轮胎和自行车就能好卖起来

最后给大家介绍一下我在黄帽卖轮胎时的销售方法。卖轮胎我进行了很多尝试，后来卖成了全国第一，下面介绍其中最有效的方法。

下雨的时候，我会一手拿着可以遮三个人的黄色大伞（打高尔夫的人经常用），一手擦被雨淋湿的轮胎。这把伞是我拜托公司特别制作的。顾客开车来店，我就会停下手里的活，注视顾客。

当顾客把车停下来熄火，从前风挡玻璃看到我的时候，我就立即把手里的大伞朝着顾客的方向"啪"地撑开，伞上印着黄色的帽子和黄帽公司的标志。让顾客看到伞后，我就撑着伞走到顾客车旁站在驾驶席外面迎接顾客出来。

顾客："你们服务很好啊！"

我："应该的，您进来吧。入口的地方也准备了雨伞，您一会儿出来的时候可以用；等您进了车，再从车窗递给我就行。"

顾客："太好了！伙计，你能帮我看看我的轮胎吗？今天下雨，不知道防滑槽有没有问题。"

◎根据顾客的经济宽裕程度来推荐合适的轮胎

拿着伞到车旁边去迎接顾客的话，叫你帮他检查轮胎的顾客比例就会明显升高。如果顾客的车胎防滑槽已经磨得很平需要更换，我会向顾客推荐合适的轮胎。这时不仅要根据顾客的车来推荐，也要根据顾客的经济宽裕程度来推荐。具体点说就是比较富裕的顾客就推荐一流的轮胎，如果是经济条件一般的顾客就介绍知名度不算高但是质量也不错的轮胎。那么，我又是怎么知道顾

客是否富裕呢？其实很简单，我去顾客车旁迎接顾客的时候，会乘机看一看顾客车内的装备，以判断顾客的经济条件如何。用这种方法去判断，几乎没有走过眼。

另一方面，如果顾客的车胎防滑槽没有问题，我就不会要求顾客换轮胎，通常我会在明信片上写上顾客车胎的型号送给顾客。几个月或者几年后都有顾客拿着明信片来找我换车胎。当然我也会赠送买了车胎的顾客明信片，过段时间，就有顾客拿着明信片来换润滑油。就这样，我踏踏实实地销售，回头客也越来越多，最终我成为轮胎销量全国第一的销售员。

◎我是怎样在汽车用品店卖折叠自行车的

我曾经在黄帽四国店一天卖出了五十辆折叠自行车。也许很多人会疑惑，为什么汽车用品店还卖折叠自行车呢？其实是因为当地新开了一家黄帽的店，折叠自行车是作为招牌商品备货销售的，平时都卖一万日元以上，当天特价7800日元销售。但是，开店两个小时，一辆自行车都没卖出去，于是我开始想办法了。

这家店外面有个停车场，停车场旁边就是国道。停车场入口的地方有一个信号灯，红灯亮的时候，会有好几辆车停在停车场入口前。我想，如果能把这些车引导进来就好了。我测了一下红灯的时间，大概二十秒。二十秒我能做什么呢？我找了一张大纸板，在纸板上写上大大的“7800日元”，然后拿着纸板和自行车，站在了等红灯时司机容易看到的地方。

红灯一亮，车一停，我先向司机鞠躬，然后高高举起折叠自行车转360度，让司机全方位看清楚。然后放下自行车，高高举起写着价格的纸板旨在告诉顾客：“这台自行车现在只卖7800日元哦！”最后伸出右手做出欢迎的姿势：“入口在这里，请进。”整个过程就像演哑剧一样。

后来就有一辆车打了转弯灯，开进了停车场。接着第二辆、第三辆也进来了，后面的车看到前面的车转弯就想：“前面在干什么呢？”也跟着转弯进了停车场。二十秒的演示我重复了几次，结果进来的车越来越多，停车场都停满了。之前一直没卖出去的折叠自行车也逐渐卖光了。

第 1 章

顾客买东西时是如何思考的?

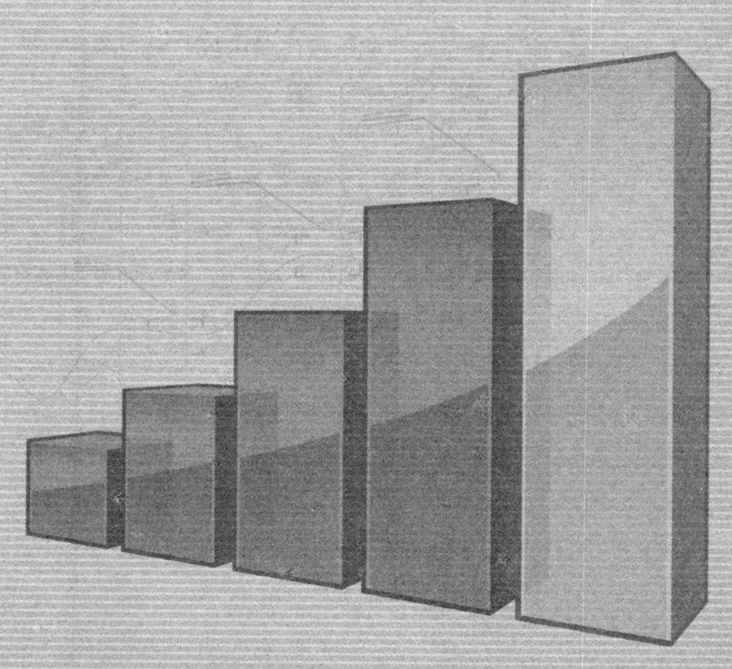

我的销售技巧是花了十年时间研究总结出来的。多年以来，我置身卖场从未停止过对顾客的观察，所以我渐渐知道了怎样做能让商品畅销，怎样做能提高顾客的购买欲。

一位原本不想买东西的客人，从刚开始被商品吸引：“哎，这是什么？”到最后：“好，我决定了，买！”一共会经历五个阶段的心理变化过程，我把这五个阶段称为“购买心理的五个阶段”。

从第一到第五，如果每个阶段都采取合适的方法和顾客交流的话，顾客就会自然而然地一个阶段一个阶段地往上走，最后决定购买。那么，“购买心理的五个阶段”究竟包含哪些呢？

1. 你不是顾客，所以才要了解顾客是怎么想的

虽然我是销售员，但是我不受制于店铺，也不受制于商品厂家。

> 虽然我是销售员，但是我不受制于店铺，也不受制于商品厂家。

“河濑先生，我手上有这样一批货，你能帮我卖吗？”

“这批商品寄卖在某某店，但是完全卖不出去，再这样下去就要被撤下去了。河濑先生，你帮我去那家店卖吧！”

……

就像这样，我的工作是受托于销售商，然后我接手某样商品进行销售。因此，每次我都是在不同的卖场卖东西，销售一空是理所当然的事，商品一旦畅销起来，就会掀起强大的购买热潮，继而在全国都开始热卖。因为我从事的不是在完不成任务时一句“对不起”就可以推卸责任的工作。

> 我的工作是受托于销售商，然后我接手某样商品进行销售。

厂家辛辛苦苦制造出了这些商品，而这些商品的“人生”和“寿命”都由我的销售额左右，因此，我的工作需要担负起很大的责任，我心里自然也会有一定的压力。

在卖场，我曾将很多商品销售一空，在很短的时间内刷新过多次销售纪录。有了一定的名声以后，东京的电视节目还来采访过我，而我经手的商品还曾作为畅销商品被市场销售杂志报道过。当然，在其他地方的店铺做销售的时候，我的事迹也曾被当地的电视台、报纸报道过。有了媒体效应，这样一来，被介绍的商品就会在全国畅销起来，掀起购买热潮。

到目前为止我到店铺实地销售的次数已经超过2400回。

因为我一直潜心钻研如何让商品畅销，并收获了一定的成效，因此接到了很多销售厂家的销售委托。回过神来才发现，到目前为止我到店铺实地销售的次数已经超过2400回。

◎让顾客改变心意决定购买的技巧

最近，我作为销售顾问指导了很多销售人员。

一次，我跟销售员们说："看到那边那位客人了吧，我现在过去，在三分钟内把这件商品卖给他，你们好好看着哦。"然后我真的在三分钟内将商品成功卖出。

目睹整个过程的销售员们全都目瞪口呆，一脸的不可思议，但对我来说这是易如反掌的事。

原因很简单，我有多年观察顾客的经验，看到一个客人，就可以知道他想买什么，会不会在这个店里买。我的销售技巧是在判断顾客举止的观察学以及解读顾客心理的行动心理学的基础上诞生的，是一套全新的技巧。瞬间让客人回头，不强买强卖，让顾客自己决定买还是不买，这样也几乎不会受到客人投诉。

对于掌握了这些技巧的我来说，只要商品定价低于一万日元，即便是那些原本进店不想购买的顾客，我也能让他们当场改变想法，买下我的商品。

对于掌握了这些技巧的我来说，只要商品定价低于一万日元，即便是那些原本进店不想购买的顾客，我也能让他们当场改变想法，买下我的商品。

2.购买行为分为五段，每一段的方法都不同

“怎样才能让商品畅销？”对于销售员来说这是一个永恒的话题。我刚做销售员的时候，也因为找不到这个问题的答案而十分苦恼。不过，随着去卖场的次数一次次增加，我发现了一些销售窍门，渐渐知道了怎样做客人就会决定购买，也

知道了怎样做会让客人不想买。我理解了顾客从对商品产生兴趣到决定购买的这一段心理过程。我把这段心理过程分为五个阶段，称它为“购买心理的五个阶段”。

①第一阶段：“哎，这是什么？”

②第二阶段：“哦……然后呢？”

③第三阶段：“啊……原来如此！”

④第四阶段：“嗯……买还是不买呢？”

⑤第五阶段：“好！我买了！”

如图所示：

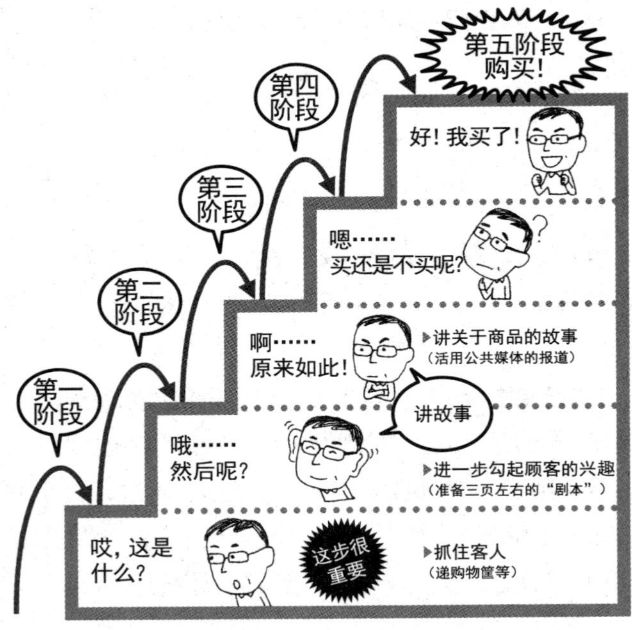

按照这五个阶段逐级上升，最后就会购买

◎购买的五个阶段中第一阶段是最重要的

①第一阶段："哎，这是什么？"

最初的阶段就是指顾客被吸引，心想："哎，这是什么？"然后朝商品走过来的过程。这个阶段所花时间是三秒左右。看到商场里很多人扎堆的时候，你也会好奇那里在做什么吧？很多人看到排起的长队都会好奇大家在排队做什么。

最初的阶段就是指顾客被吸引，心想："哎，这是什么？"然后朝商品走过来的过程。这个阶段所花时间是三秒左右。

"哎，这是什么？"这个阶段的心理就跟上述的心理状态相似。这是客人感到好奇，然后自发地朝商品这边走过来的过程。这是实现让顾客购买的第一步。但是，如果只是站在店门前，不停地说"欢迎光临"，是不可能让客人觉得好奇的。那么，怎样才能让客人好奇，上升到"哎，这是什么"的这个阶段呢？

这个阶段是最重要的，如果这一步做到了，那就成功了八成。

这个阶段是最重要的，如果这一步做到了，那就成功了八成。

②第二阶段："哦……然后呢？"

第二个阶段是"哦……然后呢"的阶段，所花时间是十秒左右。这个阶段是顾客觉得好奇，想着"哎，这是什么"，朝商品走过来，想听听商品相关介绍的状态。想让顾客上升到这一阶段，冷不防地跟客人说一大堆这个商品怎样怎样的做

第二个阶段是"哦……然后呢"的阶段，所花时间是十秒左右。

法是行不通的。

应该用一句话介绍商品或者在十秒以内演示一次，以此来勾起停下脚步的顾客的兴趣。

第三阶段是“啊……原来如此”的阶段。这个阶段最花时间，但也就是十五秒左右。

③第三阶段：“啊……原来如此！”

第三阶段是“啊……原来如此”的阶段。这个阶段最花时间，但也就是十五秒左右。这个阶段是让客人对商品感兴趣，听了商品的介绍，开始觉得“好像有必要买”“不错，真想买”。要让客人达到这种状态，首先对商品进行彻底的介绍是必要的，此外还可以让客人看看报纸、杂志上的相关报道，可以现场试验一下商品，可以跟客人讲开发这件商品的故事。总之，就是要在客人接受商品本身的基础上，让客人开始想买。

就是要在客人接受商品本身的基础上，让客人开始想买。

第四阶段是顾客思考“嗯……买还是不买呢”的阶段。

④第四阶段：“嗯……买还是不买呢？”

第四阶段是顾客思考“嗯……买还是不买呢”的阶段。大多数的顾客在听完商品的介绍以后，即便想买也不会立刻就买，一般都会由于“这个多少钱啊”“现在非买不可吗”之类的问题拿不定主意。

这个时候，要让拿不定主意的客人更快地决定，就需要销售员稍微推动一下。

这个时候，要让拿不定主意的客人更快地决定，就需要销售员稍微推动一下。

⑤第五阶段：“好！我买了！”

第五阶段是客人决定“好！我买了”的阶段。

第五阶段是客人决定“好！我买了”的阶段。

顾客最后上升到这一阶段的话，就是毫不迟疑地决定购买。从第一阶段上升到第五阶段，一共需要三十三秒左右。一步一步走到这个阶段的客人，只要带的钱足够，购买率就会很高。即便是当天钱没带够的顾客，也会改天再来或者在网上购买。一句话，能不能到达这个阶段，最终要看顾客的钱包有多厚。对于这一点，销售员再怎么强求也没用。强求只会招致客人投诉，所以诸如施压、抬价之类行为都应该禁止。那么，是不是说这个阶段销售员什么都不用做呢？当然不是。这个阶段，销售员也有该做的事。具体后文将做详细介绍。

第一阶段上升到第五阶段，一共需要三十三秒左右。

就这样，让顾客一步一步踏实地走上来的话，交易就一定能成功。意识到这样一个过程，并采取一些技巧，销售额就一定会慢慢地往上攀升。销售这门工作可以直接和顾客接触，能够体验到自己推荐的商品最终被客人接受的过程。

因此，我觉得销售本身是一门很有意思、很让人开心的工作。

因此，我觉得销售本身是一门很有意思、很让人开心的工作。

在我的销售工作中，曾经遇到过付完钱又专门回来找到我跟我汇报“我真的买了”的客人。还有的客人跟我说：“你推荐的商品很不错，我下次还来！”每当遇到这样的情况，我都会发自内心地觉得，做销售真的很好！

当一件自己经手出售的商品掀起购买热潮的时候，我更是会抑制不住地开心激动起来。

当一件自己经手出售的商品掀起购买热潮的时候，我会抑制不住地开心激动起来。我真诚地希望现在还在为销售而烦恼的销售员们，能够运用我说的技巧，在销售工作中体验到无限的快乐。

工具总结　SUMMARY

◆我们看到一位客人，就可以知道他想买什么，会不会在这个店里买。

◆这套全新的销售技巧是在判断顾客举止的观察学以及解读顾客心理的行动心理学的基础上诞生的，几乎百试不爽。

◆掌握了这种技巧可以瞬间让客人回头，让顾客自己决定买还是不买。因此根本不会发生强买强卖的事，也不会收到客人的投诉。

◆顾客的购买心理一般分为五个阶段：①“哎，这是什么？”（吸引顾客，让顾客产生兴趣，这是最为重要的阶段。）②“哦……然后呢？”（用一句话介绍商品相关信息或在十秒内给顾客演示一次。）③“啊……原来如此！”（顾客接受商品的基础上，开始想要购买。）④“嗯……买还是不买呢？”（顾客由于“这个多少钱”“现在非买不可吗”之类的问题拿不定主意。）⑤“好！我买了！”（顾客毫不迟疑地决定购买。）

实践练习 PRACTICE

假如你是销售人员，看到某顾客在挑选油，似乎不知买哪个品牌，怎样让顾客从心里接受你推荐的商品?

你有思考过顾客购买东西分为几个阶段吗?你知道哪个阶段是最重要的吗?每个阶段，你都是怎样与顾客沟通的呢?

第 2 章

为什么顾客总是躲着你走?

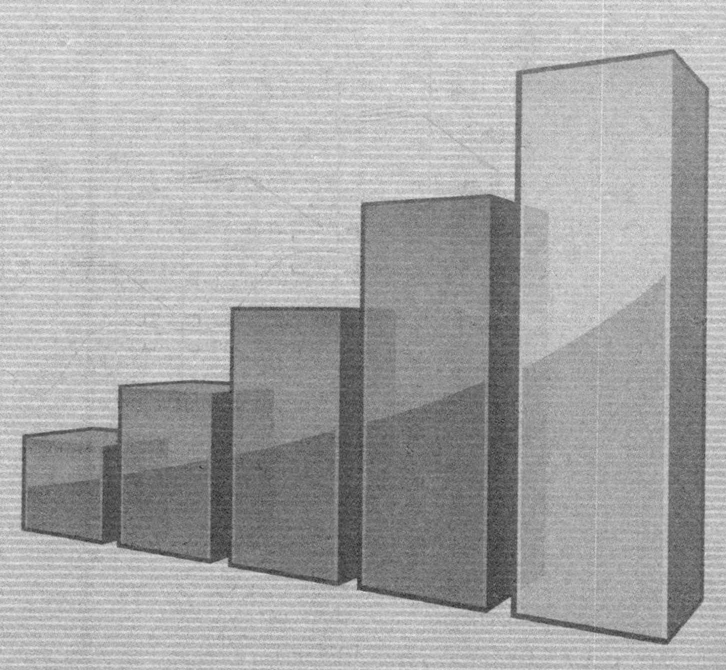

可以毫不夸张地说，销售员最大的烦恼就是不知道怎么向顾客发起“最初的攻势”。不知道该怎么跟客人打招呼的销售员很多，害怕跟客人打招呼的也大有人在。我自己刚刚做销售的时候也是这样，完全不知道该怎么跟客人打招呼，好不容易鼓起勇气跟客人说话却被客人无视或者惹怒客人，出现过不敢再跟客人打招呼的情况。

“怎样做才能让顾客解除戒备呢？”“怎样才能让顾客停下脚步听我说话呢？”我下功夫想了很多方法，在一遍遍重复着尝试和失败的过程中，我找到了不让顾客产生戒备的打招呼的方法。我还掌握了抓住顾客的心，让顾客踏上购买第一阶段（“哎，这是什么”阶段）的技巧。

1. 要吸引顾客，而不是招揽顾客

如何把顾客的注意力转移到自己销售的商品上呢？我把它称为“抓住顾客”，这对销售员来说是一个很难的问题。这里就要考验销售员有没有能力让原本对商品漠不关心的顾客产生“哎，这是什么”的疑问。我过去也因为做不到抓住顾客吃了不少苦头，曾因为硬拽着顾客不放被顾客讨厌，也曾因为没有先抓住顾客的心就直接介绍商品，导致顾客匆匆逃开。所以，让顾客很自然地对商品感到好奇的这个阶段是至关重要的。

曾因为硬拽着顾客不放被顾客讨厌，也曾因为没有先抓住顾客的心就直接介绍商品，导致顾客匆匆逃开。

那么，怎么才能抓住顾客的心呢？首先，把握顾客的心理状态是必要的。“抓住顾客”可以大致分成“吸引顾客靠过来”和“吸引顾客购买”两类。所谓“吸引顾客靠过来”就是要将远处的顾客的注意力转移到商品上。这里说的远处的顾客，指的是几米之外正好路过店铺的顾客或者到附近的店买东西的顾客。所谓“吸引顾客购买”就是当顾客好奇地靠过来以后，再将顾客的兴趣转移到商品上，把顾客带进商品的世界。

“抓住顾客”可以大致分成“吸引顾客靠过来”和“吸引顾客购买”两类。

从顺序上来说，先是“吸引顾客靠过来”，然后是“吸引顾客购买”。在实际销售中，很多

从顺序上来说，先是“吸引顾客靠过来”，然后是“吸引顾客购买”。

人容易误认为只需要“吸引顾客购买”就足够了。如果怀着这种想法销售的话，是无法做到将商品销售一空的。只有连那些对商品毫无兴趣的顾客都被吸引过来了，才能做到既完成了销售指标，又可以成功地将商品销售一空。

这个地方还得重复一句，如果不是顾客心甘情愿地决定购买，而是向顾客施压成交的话，之后会招致顾客的投诉。根据我的经验，能否“吸引顾客靠过来”掌控着销售成功与否的八成，因此，这一步是最重要的。如果做不到“吸引顾客靠过来”的话，来店顾客的总数就会减少。就像我前面说的那样，顾客决定购买必须经过五个阶段。不是所有来店的顾客都能一步步上升到第五阶段，所以，销售员首先需要尽量多和一些顾客交流。

事实上，通常情况下，把顾客强拽进店里，销售员再稍微施加一点压力，多数顾客还是会购买的。长期从事销售行业的销售员都知道这个秘密。尝到其中的甜头后动不动就给顾客施压进行强卖的销售员也不少，但是，如果一个店总是强卖的话，来光顾的顾客一定会越来越少。强行把顾客拉进店里让顾客买东西，然后招致顾客投

诉，最终不论能力如何都会陷入被辞退的泥沼。其实这些销售员也心知肚明，但是，为了完成销售指标还是不断地有销售员选择了强买强卖这条路。

想让顾客靠过来，关键是要找准和顾客交流的时机，勾起顾客的兴趣。能够很自然地找准说话时机的销售员实在是为数不多。如今被称为“销售大王”的我最初也是吃了很多苦头，却不见销售业绩上涨。于是，我开始不断地尝试我研究出来的技巧，在不断尝试、不断总结失败经验的过程中，我的销售额开始一点点攀升。

想让顾客产生好奇有很多的方法，觉得自己不擅长销售的销售员们可以先模仿我的技巧，一定可以立竿见影。

2.“欢迎光临”是让顾客逃开的咒语

前几天我遇到一个卖美容护肤品的女销售员，我在旁边听了听她是怎么叫卖的。

“欢迎光临，试一试吧，可以让您的皮肤滋润

嫩滑。欢迎光临……”

从早上开始她一直这么叫卖，虽然很努力，但进店消费的顾客还是寥寥无几。过了中午，顾客更少了，这个女销售员还是坚持不懈，扯着嗓门喊。下午三点，她嗓子哑了，“欢迎光临——临——临……”声音变得像蝉一样，“欢迎光临”最后只能听到“临”字了。

> 其实她做的就是“空念佛经一万遍”的无用功。

像她这样认真的销售员，东西越是卖不出去就越着急，然后还觉得如果自己不尽力卖的话心里过意不去，于是就开始一遍遍地叫卖。其实她做的就是“空念佛经一万遍”的无用功。

少说“欢迎光临”，谁爱听啊！

我观察了一下，她是怎么推销化妆品的。

欢迎光临，让您皮肤滋润嫩滑，欢迎光临……

欢迎光临——临——临……

0顾客0销售

连续叫卖“欢迎光临”是败笔。

◎闹剧般的“叫卖竞技大赛”

曾经一度还出现了男销售员也参加的“叫卖竞技大赛”。

“我是来自××的一号选手，欢迎光临……”

“我是二号选手，来自××。欢迎光临——临——临——临……”

一号、二号选手简直就是在比赛谁说“欢迎光临”说得好听。转换音调、改变断句方式、拉长尾音，销售员们在“欢迎光临”的说法上下了很多功夫。但是，我觉得这种努力没有任何意义。换位想想，如果你是顾客的话，换个语调的“欢迎光临”能勾起你的购买欲吗？还不如告诉顾客你卖的是什么商品、商品有什么特点来得实际。

但是，很多销售员觉得如果不做点什么别人会说自己游手好闲。于是销售员们开始在“欢迎光临”的说法上下功夫，为的就是告诉经营者：“我在认真工作哦。”这样的销售员根本没有找对工作的对象，真正买东西的是顾客而不是经营者。以前的我也是这样，但接连不断的“欢迎光临”不能向顾客传达任何信息，有时候只会让顾客觉

得很心烦。无论过程显得多努力，销售额上不去，经营者也不会赞赏你，因此，销售员完全没有必要连续不停地叫卖。

拉长尾音喊“欢迎光临”，听起来更让人觉得很别扭。我指导销售员的时候首先会严令禁止上述叫卖方式，让他们知道在“欢迎光临”的叫法上加入新意是没有任何意义的。

◎一句“欢迎光临”，顾客逃之夭夭

“欢迎光临”本来是挺好的问候方式，但是如果使用方法不当，就会成为让顾客匆匆逃开的咒语。假设你是销售员，朝着迎面走过来的顾客说一句“欢迎光临”试试，我敢说，结果是很多顾客都会避开你的视线。销售员的一句“欢迎光临”，会让顾客不自觉地担心：“这人是不是要拖着我买他的东西啊？”于是，顾客会赶紧离开。事实就是如此，一句“欢迎光临”往往会在顾客心里筑起一道墙。

一句“欢迎光临”往往会在顾客心里筑起一道墙。

其实“欢迎光临”这样的招呼方式，用在吸引远处的顾客上就足够了。比如：“欢迎光临，这边有 × × 卖哦！”这样引起远处的或者背朝着你

的顾客的注意，向顾客传达到“我在这里”的信息就足够了。

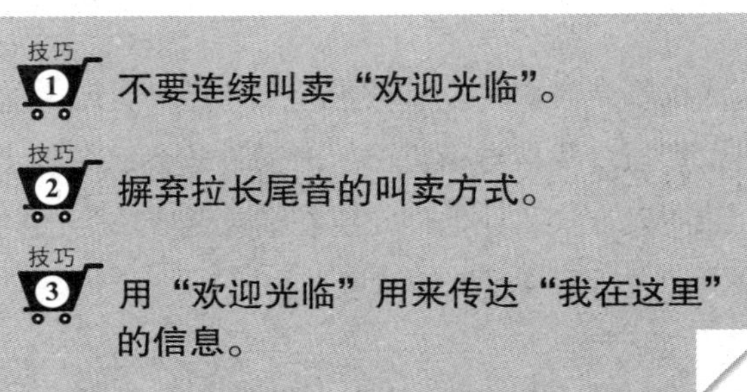
技巧1 不要连续叫卖“欢迎光临”。

技巧2 摒弃拉长尾音的叫卖方式。

技巧3 用“欢迎光临”用来传达“我在这里”的信息。

3. 换一种问好方式，顾客就肯停留

那么，怎么跟顾客打招呼才合适呢？实际上很简单，只要跟每一个顾客都认真问好就行。上午就说“上午好”，过了上午就说“你好”。当然，在问候后面加上“欢迎光临”也行，“早上好，欢迎光临”“你好，欢迎光临”等都可以。前面我也说了没有必要连续不断地叫卖“欢迎光临”，那种连说话对象都不明确的问候方式没有任何意义。

打招呼的时候，身体朝向也很关键。想清楚希望哪个方向的顾客注意到你，然后把身体朝向那一方，将自己的问候准确地传达出去。就这样让顾客感觉到你的存在，产生“哎，这是什么”的好奇心理。

我在跟客人打招呼的时候，通常都会注意以下几点：

· 看着对方的眼睛

· 要一直微笑

· 要主动先问好

· 问完好以后再简单说一句

一句“欢迎光临”，顾客逃之夭夭

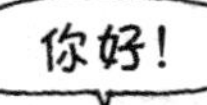

不停叫卖“欢迎光临”
只会让客人觉得心烦。

用一句简单的“你好”
来认真问候。

Point 要想抓住顾客，就先戒掉“欢迎光临”

顺便说一句，对我们这样的外派销售员来说，以上这几条打招呼的注意点不仅适用于顾客，也适用于店里的营业员。被派到一家店以后，和店里的工作人员以及上司好好相处，工作

起来也比较容易。只要认认真真地大声问好就可以在对方的心里留下良好的印象。我无论被派到哪里，都会跟库房、卖场周围的员工们问好："早上好，我是河濑，这几天要在这里卖东西，请大家多多关照。"

◎问候方式要随着店里的氛围和顾客的年龄的不同而改变

是"早上好"这样干脆的问候好，还是"早——上——好"这样缓慢的问候方式好呢？快还是慢，由顾客走路的节拍来决定。

问候也是很有技巧的，技巧就在于要调整说"早上好""你好"时的速度。是"早上好"这样干脆的问候好，还是"早——上——好"这样缓慢的问候方式好呢？快还是慢，由顾客走路的节拍来决定。

通常一个商家拜托我销售一件商品的时候，我会在很多个不同的卖场进行销售。店铺不同，顾客走路的速度也不一样。我经常去的东急HANDS和大丸百货店的店内气氛就有很大的区别。日期、时间段不同，顾客类型也会改变。我每去一家店，第一件事就是观察顾客，然后"一、二、一、二"打着拍子看顾客是以怎样的速度走过。是"一！二！一！二"，还是"一……二……一……二"。不可思议的是，我发现在一

家店里购物的顾客几乎都是以相同的速度在行走。

根据我的观察，面对年轻顾客我会稍微快一点问候，如果是面对上年纪的顾客，我就放慢速度。问候的速度因人而异，听的人就不会觉得你的话千篇一律。只要不是千篇一律的说辞，听的人就更容易接受你的问候。而且，不仅是你问候的顾客，周围路过的顾客听到你的问候，也会对你产生好感，这绝对是“一石二鸟”的好方法。

说话速度看人调整

早上好！小姐今天的洗发水特价哟……
下——午——好！过来——逛逛——啊……
不同地点、不同顾客，
说话的速度和态度都要不一样。
逛超市——年轻人
逛商场——中年人

◎如果顾客中有小孩，就更要认真地跟小孩问好

在“吸引顾客靠过来”的技巧中，跟小孩问好这一招相当有效。有一些销售员只跟顾客中的大人问好从来不跟小孩问好，但正所谓“射人先射马”，小孩背后就是小孩的父母。和小孩认真问好，背后的父母看在眼里，心里也会明白。我在跟小孩问好的时候，会看着孩子的眼睛跟他说“你好”。有的孩子会回应我一句“你好”，有的孩子害羞就躲到父母身后。总之，小孩都会给出一些回应。这样一来，通过和孩子进行一定的交流，心里的隔阂就消除了，和孩子父母的交流也可以很顺畅地进行下去。

能和顾客说上话，那么让顾客对商品产生好奇的机会就多了，这样顾客购买商品的概率也提高了。因此，当看到带小孩的顾客的时候，要意识到那是销售的机会，认真地跟小孩打招呼。

这里顺便说一下，我在跟小孩打招呼的时候，不会蹲下去用小孩子的口吻跟小孩问好，而是像跟大人问好一样对小孩说“你好”。我觉得这也是一种技巧，可以视为自己独特的问候方式。

◎问候时，动作和声音稍微错开一点

跟顾客打招呼的时候还有一个技巧，那就是把行礼和说话的时机稍微错开一点，就和电视台转播国外节目时影像和声音合不上的感觉差不多。具体地说就是先低头，抬起头以后再说“你好”，为什么要这么做呢？是因为这样声音和动作错开，就能观察到顾客的面部表情。

视线相遇时表情发生变化的顾客就是有可能购买商品的顾客。而那些对你的问候没有任何反应的顾客，就极有可能只是路过，也可能是有目的地购物或者是去厕所的顾客。对于这样的很有目标意识的顾客，是不太可能让他对你的商品产生兴趣的。在他们身上，“吸引顾客靠过来”的技巧是行不通的。遇到这种顾客时我会自动放弃。在不断地重复问好的过程中，通过观察顾客的表情来搜寻目标客源，可以说这也是一个提高销售额的窍门。

技巧4 想好要让哪边的顾客听到你的声音，然后面向那边问好。

技巧5 问好的速度要和顾客走路的节拍保持一致。

技巧6 一定要认真地和小孩问好。

技巧7 问好的时候动作和声音稍微错开一点，以便观察顾客的表情变化。

问候别人的方法也是一门技术！要看着对方的脸来问候。

4. 有时候你必须装作很忙的样子

顾客是很讨厌被逼着买一样东西的。只要是顾客自己想要的东西，即便当时是冲动消费，对顾客来说买东西这个过程也是很开心的。但如果是销售员怂恿顾客："这件商品很不错的，您买吧。"在顾客没有从心里接受商品的情况下成交的话，顾客把东西买回家后就会想："啊，我怎么买了这么一个破玩意儿。"然后后悔不已。

其实只要站在顾客的角度换位思考一下就很容易明白其中的道理。但是一旦以销售员的身份站在店里，在销售指标和来自销售商的双重压力下，很多销售员都忽略了顾客的感受，一心想着"赶紧卖出去，赶紧卖出去"。但是越是想卖出去，这种心理就越容易让顾客觉得有压力，顾客心想："和这个销售员走得太近的话，他会不会逼着我买东西啊？"就这样顾客对销售员产生了戒备心理。因此，对销售员来说，最重要的就是不要想着一定要把东西卖出去。

道理虽然是这样，还是有很多人认为把商品卖出去才是销售工作的本质。但是你一定要注意，你一心想把商品卖出去的气氛会很容易传染给顾

客，让顾客心生戒备和反感。

有没有能让顾客解除心理戒备的技巧呢？

有！答案就是适当地忙碌一点，等着顾客来跟你打招呼。

故意去拿货上架，整理货架，让顾客觉得你有一点忙。不主动招呼顾客，而是等着顾客来叫你，这一招叫欲擒故纵。对顾客来说，和销售员面对面地交流心里会产生一定的压力，但面对那些左看看右理理的有点忙的销售员，顾客在心理上没有抵触感。

我做销售的时候，会一遍遍地把摆好的商品弄乱又重新摆，把已经一尘不染的货架擦了一遍又一遍。就这样，不可思议的事情发生了，有越来越多的顾客开始主动和我打招呼。顾客心里会想："忙碌着的销售员不会逼着我买，也不会强行给我推荐什么商品。"更进一步地说，如果蹲着，在低于顾客视线的地方整理货架的话，顾客主动来打招呼的概率会更大。对顾客来说，在低处忙碌的销售员不惹人烦，觉得有什么问题问那个销售员会比较安心，也可以随意地搭话问问商品的相关问题，这就是俗话说的"没事儿找事儿干"。

但是，销售员们一定要注意了，不能过于专

注摆货，不要太过投入到整理、打扫等工作中。而是要“眼观六路，耳听八方”，一边工作一边注意周围的气氛，保证一旦有人跟你打招呼能立刻回应。适当地去上货摆货为的就是让顾客跟自己打招呼，如果过于专注，把购物筐放在通道上不管，就会妨碍顾客挑选商品，最后得不偿失。

◎如果身后有人跟你打招呼，即使不知道声音是从哪边传过来的，也要微笑着回头

过度沉浸在摆货理货中的话，如果有顾客过来打招呼，就会不自觉地认为顾客打扰了自己的工作，目光变得很尖锐，流露出很不乐意的表情。

听到身后有人打招呼，很多销售员会一边想声音是从哪传过来的，一边一脸疑惑地转身回头。有句话叫“眉目传神”，表情的大部分都是通过目光来传达的。茫然回头时的目光、工作被打断后抬头时呆滞的眼神都会让别人觉得别扭。要知道，看到你表情的不仅是跟你打招呼的顾客，周围的其他顾客也会通过观察你的表情来判断你是不是一个容易交流的销售员。所以，不管顾客是从身后哪个方向跟你打招呼，你都要微笑着回头。事先定好回头时眼睛看哪儿（比如看某根柱子、

某张海报），可以避免回头后眼神游离。

当有顾客从背后跟我打招呼的时候，不管声音来自哪个方向，我都会立刻响亮地答应。这样就能给顾客留下好印象，打破和顾客之间的隔阂。顾客从背后跟你打招呼时，偶尔会不知道声音来自哪儿，但如果你微笑着回头的话，大多数顾客会再叫你一声。要做到顾客一招呼就能笑着回头，我觉得首先应该有意识地注意背后的世界有什么状况。

适当地忙碌，让顾客觉得跟你打招呼很容易。

在低于顾客视线的地方理货。

当有顾客从背后跟你打招呼时，要事先定好回头时眼神的方向。

5. 两秒内把卖点讲清楚

吸引顾客注意力的时候，我经常用拟声、拟态的方法介绍商品的特点。所谓拟声、拟态，就是“滑滑的”“噗噜噗噜的”“软绵绵的”“刺溜刺溜的”等形容事物状态的词。相信你平时说话时也经常使用。如果顾客正好通过商品演示台时，你用拟声、拟态词形容商品，说不定顾客就会被吸引驻足。换成你是顾客，如果听到销售员说：“来看一看吧，噗噜噗噜的！”也会觉得好奇而停下脚步吧！事实上，我用这一招招徕的顾客不计其数。

换成你是顾客，如果听到销售员说：“来看一看吧，噗噜噗噜的！”也会觉得好奇而停下脚步吧！

运用拟声、拟态词，让顾客止步！

当然，并不是说只要是拟声、拟态词就行，还必须是能表现出商品特点的词才可以。如果是面包那就说“软软的”，如果形容茶就用“让血液干干净净的”，如果是化妆品就说“让肌肤嫩嫩的、滑滑的”。不用拟声、拟态词也可以，那就想一个能简单精练地说出商品特征的短句。

卖橄榄油的时候，我用很简单的一句“哎，这个是橄——榄——油哦！来看看吧”吸引到了很多顾客。卖轮胎的时候，我用“啊！轮胎怎么不是圆的呢”勾起了很多顾客的兴趣。

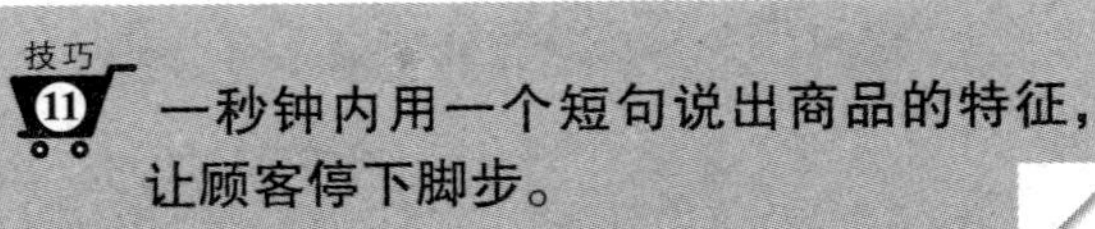

重新审视一下你要卖的商品，想想怎么用一句话来概括它的特征，想想关于商品有没有什么让人觉得很意外又有的题。试着提炼出一个短句，让客人好奇地想：“哎，这是什么？”

6. 瞬间抓住顾客的三种技巧

很多人觉得，要想让顾客停下脚步，就必须跟顾客打招呼。事实上，即使不出声也可以吸引到顾客。

比如我以前卖保健食品的时候，就把保健食品倒到纸杯里，故意用很大声音搅拌，以此吸引顾客的注意力。那种保健食品是很细的粉末状，需要加水混合。搅拌是演示的一部分，但是如果你用很高兴的表情和很滑稽的动作搅拌的话，周围的顾客就会觉得很好奇，然后停下脚步。

我还卖过一种坐垫，叫“智慧坐垫”，是一种设计得有点倾斜的坐垫。卖的时候我把坐垫放在椅子上，有顾客路过时我就用手指在坐垫上画屁股的形状，然后微笑着看着顾客。顾客看见了就问我：“什么？屁股？你是让我坐下吗？”总之，即便只是通过声音或手势也可以吸引到顾客。

我以前还经常用黑色记号笔在B5纸上画箭头，然后把商品放在箭头指向的地方。顾客一脸疑惑地靠过来问“这是什么”时，你就可以接过顾客的问题开始介绍商品。此外，如果是化妆品，

可以在纸上写“清洁毛孔”“滋润嫩滑”等简短的词句来吸引顾客。这样的手绘海报，有着和印刷海报不一样的感觉，而且只要有纸笔就可以做，非常简单方便。字写得丑没关系，只要写得让顾客认识就行。通过视觉刺激来吸引顾客驻足的技巧，是相当见效的。

用拟声、拟态词吸引顾客。

画个箭头，写个拟声或拟态词，用一张简单的手绘海报吸引顾客。

7. 购物篮“搭讪法”

十年前的销售员指南手册告诉销售员“不要跟正在看商品的客人打招呼”。一些销售员坚信这句话，从来不跟顾客打招呼。但是，在经济不景气的今天，如果不主动跟顾客打招呼的话，肯定会被上司批评：“为什么不跟客人打招呼啊，不跟客人说话怎么可能把东西卖出去？”因此，看看现在的销售员指南手册会发现，提倡“积极地

和顾客打招呼”的企业越来越多。这时又有销售员相信这个说法，开始尝试跟顾客打招呼。

但是，很多销售员因为不习惯，不知道该怎么跟顾客打招呼，于是就笨拙地问顾客：“您需要什么，我帮你找吧？”结果呢，顾客要么无视，要么就一句硬邦邦的“不必了”拒人于千里之外。这还算好的，有的顾客还会说：“真烦人，没看我正在挑东西吗？不用你管！”被客人这么恶狠狠地说，销售员会觉得自己的人格被全盘否定，很受伤，严重的还会患上PTSD（创伤后应激障碍）等心理疾病，从此害怕跟顾客打招呼。

招呼客人看似是一件很简单的事，但是一旦错一次就可能导致心理阴影和疾病，实行起来并不容易。

◎递购物筐给顾客时，顾客一定会给出相应的回应

为了避免打招呼时被顾客无视，我采取了向顾客递购物筐的方法，实践证明很有效果。我指导的很多销售员也觉得这种方法很好，因此我对这一招很有信心。具体点说就是如果看到顾客拿起商品观察就顺势递一个购物筐过去，说一句：

> 如果看到顾客拿起商品观察就顺势递一个购物筐过去，说一句：“您好，您用这个吧。”

“您好，您用这个吧。”递购物筐很简单，关键是递之前要观察清楚顾客正在看什么商品。

这一招的厉害之处就在于，不用过多的语言，也不会被顾客无视，一定能够得到回应。

这一招的厉害之处就在于，不用过多的语言，也不会被顾客无视，一定能够得到回应。对于销售员来说，被无视是很难受的，只要顾客给出回应，都算是一种成功。

如果顾客接受递过去的购物筐，通常会说一句“谢谢”或“你真有眼力”之类的话。这个时刻抓住机会和顾客说上两句，销售员与顾客间的“心墙”就会立刻矮一截。通过观察顾客手里拿的是什么商品判断顾客对什么感兴趣，然后一边介绍相关的其他商品，一边有意识地把顾客诱导到自己销售的商品上。因此，即使顾客看的不是自己销售的商品，这一招也同样适用。比如顾客在看一件商品，而我销售的是别的商家生产的类似产品，我会利用递购物筐的时机跟顾客攀谈，然后指着我销售的商品说“这是新产品”。顾客听了会想“哎，这是什么”，从而燃起想看新产品的欲望。

当顾客不接受购物筐的时候，会说“不用了，谢谢”，有的顾客会用手势示意。这个时候

销售员就简单地行一下礼离开就行。跟顾客搭话是为了判断顾客是否愿意和你交流，也没有必要因为顾客拒绝了你递的购物筐而郁闷。转念一想，购物筐被拒绝说明那位顾客不需要你的帮助，这样也就不用浪费时间了。因此，被拒绝也是一件好事。

递购物筐这一招还有一个好处，那就是周围看着你递购物筐的顾客会觉得你容易交流。你递购物筐的时候，会给周围的顾客留下好感。这样一来顾客有什么问题就会来问你，你主动跟顾客打招呼的时候也更容易得到对方的回应。

观察好顾客手里拿的是什么商品后再递购物筐给顾客。

递购物筐——挺有眼力

您需要什么，我帮你找吧？

真烦人，没看我正在挑东西吗？不用你管！

您好，
您用这个吧。

谢谢！你挺有眼力啊！

8. 没人愿意接又大又蠢的传单

除了递购物筐以外，第二种跟顾客打招呼的技巧就是用小道具跟顾客搭话。这里所谓的小道具就是传单。但是，我推荐的传单不是我们经常看到的A4纸大小的传单，而是长7厘米、宽5厘米左右，可以拿在手心大小的传单。原因很简单，这种大小的传单被顾客收起来的概率更高。因为小，所以不碍事，放在手提包里也不费劲。

我曾经在商场营业结束后调查过垃圾箱，发现A4纸大小的传单被扔了很多，而手掌大小的传单几乎都没有被扔进垃圾箱。从那以后，不论是我自己做传单还是委托厂家做，都做成长7厘米、宽5厘米大小的。这样的传单只有普通传单的一半大，所以很多人会担心太小了，写不了什么东西。我想提醒大家的是，这是折叠后的大小，一展开，就是这个的两倍或四倍，可以写很多商品的相关信息。

小传单不容易被扔掉

把传单做成比名片小一点，可以拿在手心的大小。
这样的传单被扔掉的概率很小。

一展开

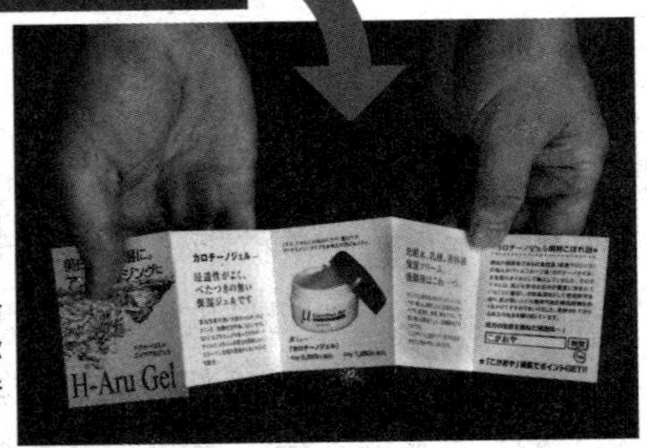

把商品的相关介绍写在传单上。
如果店铺或厂家给你的传单太大，你可以先尽量把它折小再递给顾客。

Point

卡片大小的传单也可以吸引顾客的注意力。

◎“快来买吧”传单和“你知道吗”传单

如果传单太大，自己动手折小一点就行

“快来买吧”传单

强调低价、减价的“快来买吧”传单。价格写得很显眼，有吸引顾客立刻购买的即时效果。对了解商品的顾客很奏效。

“你知道吗”传单

写着商品性能以及商品故事的“你知道吗”传单。如果店里给的传单太大，可以自己折小一点，或者自己手写，再复印一下。

发传单给顾客，让顾客了解商品，勾起顾客对商品的兴趣。

传单做小了，那么在一张小小的传单上，写什么比较好呢？在解答这个问题之前，你需要先知道传单大致分为两种：一种是告诉顾客“便宜特卖啦，快来买哦”的传单，我称之为“快来买吧”传单；还有一种是告诉顾客“这种商品有××等作用哦”的传单，我称之为“你知道吗”传单。

> 传单大致分为两种：一种是告诉顾客“便宜卖啦，快来买哦”的传单，我称之为“快来买吧”传单；还有一种是告诉顾客“这种商品有××等作用哦”的传单，我称之为“你知道吗”传单。

前一种传单用于吸引顾客进店，告诉顾客商品有多便宜，画上招牌产品，价格用很大的字体来写，也就是所谓的“大减价”传单。后一种传单是用于给来店客人说明商品有哪些特点和作用的资料，上面写着诸如“这种产品有这样的作用”“这样使用的话会很方便”之类的商品相关信息，而这正是销售员要使用的传单。

如果事先了解自己要卖的是什么商品，再利用网络搜索相关信息，有了自己的理解和认识就更好了。进一步说，如果你曾通过利用小传单的方法获得很好的销售成绩的话，让委托你销售的销售商制作传单也行。我现在就是这样，每次接到委托开卖之前都会想好做什么样的传单，然后拜托销售商制作。

> 你一定要相信，用或不用传单这个小道具，销售额是完全不一样的。

你一定要相信，用或不用传单这个小道具，

销售额是完全不一样的。

◎传单不是散出去的，而是恭敬地递出去的

也许有很多人觉得传单散出去就行了，但事实上告诉顾客商品有什么作用之类信息的“你知道吗”传单，是绝对不能很随意地散出去的。原因就是，不管是什么，如果被很随意地散出去，再好的东西也会立刻掉价。那么，怎么做才合适呢？答案就是将传单一张一张地、恭敬地递出去。

传单不是散出去的，而是恭敬地递出去的。

举个例子，如果看到有顾客在为选什么商品而犹豫不决的时候，先把传单放到衣服兜或者围裙兜里，然后一边理货一边靠近顾客，借机从兜里拿出传单递给顾客，说一句：“您好，您参考一下这个吧。”

要注意，不要很唐突地直接递传单给顾客。下面我要介绍的递传单方法也特别好用，顾客接传单的概率格外高。

发现有貌似在选商品的顾客时，一边从顾客

面前经过，一边问候："你好，欢迎光临！"多的话不说，直接走到库房里，十秒以后再出来走到顾客面前，递出传单说一声："您好，请参考。"

从顾客面前经过，只是问候一下，顾客就会对你有一定的印象，觉得你不会强行卖东西给他。一段时间后再出来，顾客就不会有很强的戒备心。打招呼也愿意给回应，递传单也比较愿意接。

随着接触次数的增加，一个人对另一个人的好感也会增加。短时间内多次碰面，亲切感也会递增。通过这样的方法递传单，顾客就会一边心里说"谢谢"，一边萌发出"哎，这是什么"的好奇心。

想知道顾客到底给出什么样的反应，递传单的时候就一定要注意观察顾客的表情。如果顾客流露出对商品感兴趣的表情，我就会说："传单上介绍的商品在这边。"然后把顾客领过去，开始介绍商品。结果有很多顾客很快就决定购买了。顾客也会觉得拿到传单，买到了好东西，然后很满足地离开。

◎要细心注意发传单的位置是否合适

前面介绍的技巧是盯准一个顾客发传单的技

巧。当人很多的时候，要想提高顾客的接传单概率还需要注意一点，那就是不要在顾客的行动范围被限制得很小的地方发传单。

不要在顾客的行动范围被限制得很小的地方发传单。

我们经常在公交车上下车处、电车检票口、电梯升降口旁边见到发传单的人。事实上，在这样的地方发传单，看似人很多，发起来效率很高，其实效率很低。

公交车上下车处、电车检票口、电梯升降口旁边，看似发起来效率很高，但真正用的人很少。

我在黄帽上班的时候，曾经作为参谋参加过选举宣传活动，为了吸引那些对政治完全不关心的无党派人群的注意下了很大的功夫。就是在那个时候我发现，在像公交车上下车处这样的地方，人们进出的空间被限制得很小，大家通过时，精力都是高度集中的，根本没有工夫去接传单。行走中的人们会接你递出去的传单，但是要让刚刚从公交车或电梯上下来的顾客接传单是相当困难的。

要是在电梯升降口这种顾客自身活动的一半被机器操控的地方发传单的话，顾客心里会很不愉快，即便接过传单，这传单也极可能被扔进垃圾桶。如果不给顾客接传单还是不接的“选择权”，顾客就会觉得很烦。所以，选择那种如果顾客不想接传单可以从旁边走开的地方发传单的话，效果会更好。比如在电梯升降处，不要贴着电梯口，在离电梯口90厘米远的地方发传单就行。

在电梯升降处，不要贴着电梯口，在离电梯口90厘米远的地方发传单就行。

不能在电梯上下口的地方发传单

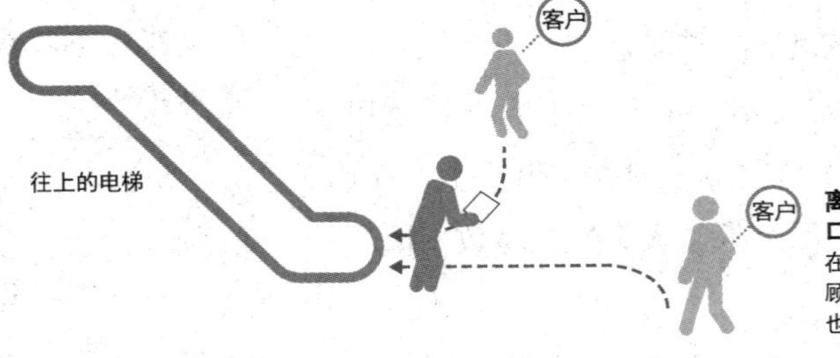

离顾客必须通过的电梯口太近。
在这样的地方发传单，顾客不太愿意接，接了也不一定会看。

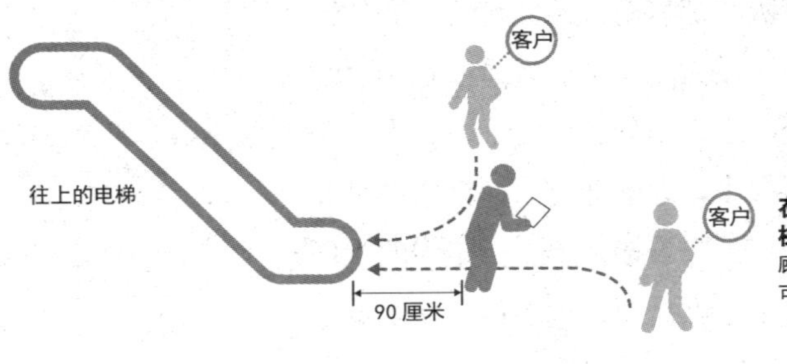

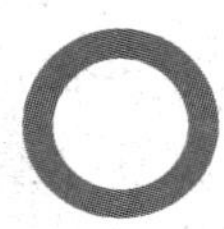

在离顾客必须通过的电梯口稍远的地方发传单。
顾客不愿意接传单时，可以自己从一旁绕开。

Point

在离电梯升降口稍远一点的地方发传单，让顾客可以自己决定到底接还是不接。

◎拿样品给顾客的时候，不要靠近顾客三步以上

接下来，我将介绍站在卖场的销售员如何向从面前经过的客人递传单和样品的技巧。技巧就是，看好一位客人以后，先轻轻地行一下礼，然后朝顾客走一两步把东西递出去。这样一来不论是谁都会觉得你和大路上发传单、发面巾纸的人完全不一样。

销售员主动上前的时候，顾客接样品的概率会很高。周围的顾客看到你主动上前，也会觉得你很努力，也更愿意接你递的东西。我经常告诉我知道的销售员“努力可以战胜一切困难”，这绝对是一个真理。顾客的眼睛是雪亮的，销售员努不努力他们都看在眼里。

> 销售员主动上前的时候，顾客接样品的概率会很高。

如果销售员站在一个地方，等着顾客自己来取样品的话，谁都不会过来。主动出击相当关键。但是，一定要注意，不要靠近顾客三步以上。三步以上就有追着不放之嫌。被顾客拒绝了还紧追不舍，周围的顾客看到了也会觉得很讨厌，然后逃得远远的。

> 不要靠近顾客三步以上。三步以上就有追着不放之嫌。

技巧15 传单做成长 7 厘米、宽 5 厘米大小。

技巧16 把传单做成宣传商品作用的小贴士。

技巧17 传单不是散出去的，要恭敬地递出去。

技巧18 进商场前跟顾客问好，出来的时候递传单给顾客。

技巧19 不要在顾客的行动范围被限制得很小的地方发传单。

技巧20 递样品的时候，自己主动朝顾客走一两步再递。

9. 客流移动方向决定了你的销售方法

要想把离得很远的顾客吸引过来，首先要学会观察客流。举个例子，店面位置不同的时候，通道的位置也会不一样，有的在左，有的在右。

因此第一次在一家店销售东西时，要先观察清楚路过店面的顾客都是靠右通行还是靠左。顾客靠右的话，就在右边发传单或样品，靠左的话

就在左边发。这样做就不会阻碍顾客通行。有的销售员为了兼顾路两边的顾客就站在路中间发传单，这样会影响顾客通行，让顾客心生不悦。结果是贪多必失，一无所获。要想得到好的结果就必须放弃一边的顾客，专注于另一边。

不过销售员可以通过改变自己站的位置来改变顾客通行的方向。就好比在河中间摆一块大石头，水流会分成两股，或者都朝一个方向流。销售员将自己置身于来往的人群中，也可以把人们的通行方向调整到朝着自己商品的陈列台方向。

◎在电梯附近招揽顾客时，东京和大阪需要注意方向改变方法

举个例子，如果是向右转往上走构造的电梯，在东京就要以坐电梯上楼的顾客为中心，在大阪的话就应该以坐电梯下楼的顾客为中心。为什么要这么做呢？原因就是人们都习惯走最短的距离。在大阪，上电梯站在右边是常识。坐上升电梯上来的顾客要继续到上一层的话，只需要右拐转一个小弯。

但是如果是坐下楼的电梯下来的话，和上去

相反要左转一个大弯，就容易注意到电梯旁边的地方。而东京恰恰和大阪相反。在东京上电梯靠左站是常识。因此在电梯附近放一些宣传海报等招揽顾客的时候，如果没注意观察，没把海报放在顾客需要绕大圈的地方的话，就很难引起顾客的注意，导致商品完全卖不出去。有从大阪到东京来支援的销售员，因为不知道要换一个方向，就出现了发传单没人接、贴海报没人看的情况。

下面这张示意图是以往右转上楼为例。在习惯靠左的东京，转弯上楼需要绕一个大圈，在转弯处放海报等很容易引起注意。与之相反，往左转下楼的时候，在习惯靠右的大阪下楼时需要左转一个大弯。地区不同、电梯不同的时候，人们通行的路线也不同，放海报等宣传资料的时候，一定要好好观察顾客的通行线路。

第一次到一个卖场销售时，要先观察客流。

通过改变自己站的位置可以改变人群的通行方向。

在电梯附近招揽顾客时，东京和大阪需要注意方向改变方法。

地区不同，顾客的行走路线也不同

● 在东京，人们习惯站在左边。

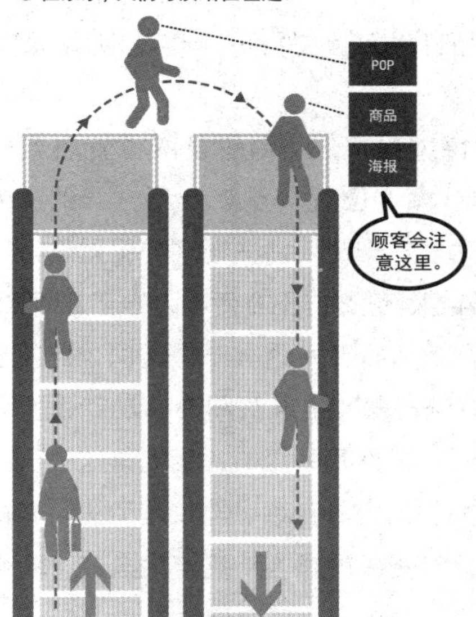

● 在大阪，人们习惯站在右边。

如果是右转往上的电梯，地点在东京的话。就在上升口的旁边放置吸引顾客注意的东西。

如果是右转向上的电梯，且地点在大阪的话，因为顾客通常不会往外看，就不容易在电梯附近开辟一个能吸引顾客注意的地方。

Point

人都是尽量走最短的距离的，理解了这一点后，再来思考该把海报放在什么位置，才能吸引到顾客。

10.“Z”字形、“微乱”摆货法

摆放商品有两个基本原则：一、方便看；二、方便拿。

现实销售过程中，从销售员的位置看到的商品陈列和从顾客位置看是完全不一样的。因此，摆货的时候，一定要站在顾客的位置确认一下——看这样摆，顾客方不方便看，方不方便拿。

> 人的视线都是按“Z”字形法则在移动。先左再右然后往下看——这个法则可以用在商品陈列上。

在设计和广告行业有这么一个常识，那就是人的视线都是按“Z”字形法则在移动。先左再右然后往下看。根据我的经验，我觉得这个法则可以用在商品陈列上。有意识地按这个法则来摆放商品，就会有更多的顾客对它产生兴趣，问你更多问题。

要想方便顾客看，并不需要摆放得很整齐，相反，如果摆放得微微有乱，顾客会更愿意伸手去拿。因为大家都有不想破坏摆放整齐的东西的心理。因此，摆货的时候，要故意将商品摆得有点乱。

有意识地按照“Z”字形原则来摆货。

商品摆放得过于整齐的话顾客会不忍破坏，所以要故意摆放得乱点。

稍微乱一点的摆放方式更有利于销售

工具总结 SUMMARY

◆“吸引顾客靠过来”是销售成功的关键，这需要找准和顾客交流的时机，勾起顾客的兴趣。

◆摒弃各种语调的“欢迎光临”叫卖方式，这往往会在顾客心里筑起一道墙。

◆保持微笑，身体朝向顾客的方向，主动与顾客认真问好。并且随着店里的氛围和顾客年龄的差异调整问好的速度。

◆像跟大人问好一样跟小孩问好，因为背后的父母看在眼里。通过小孩更容易和孩子的父母建立沟通。

◆问好的时候动作和声音稍微错开一点，以便观察顾客的面部表情变化。

◆一心想把商品卖出去的气氛容易让顾客心生戒备和反感，适当忙碌，比如蹲在低于顾客视线的地方整理货架，这样会让顾客解除心理戒备。顾客主动来打招呼的概率就很大。

◆顾客从背后打招呼的时候，不管声音来自哪个方向，都应该面带微笑响亮地回应。

◆用拟声、拟态词或简单精练的短句来表现商品的特征，让顾客不由自主地停下脚步。

◆用手势、箭头、手绘海报等方式，通过视觉刺激来吸引顾客驻足。

◆观察好顾客手里拿的是什么商品后再递购物筐给顾客，利用这个时机与顾客攀谈，一边介绍其他相关商品，一边有意识地诱导顾客到自己销售的商品上。

◆不在公交车上下车处、电梯升降口等行动范围很小的地方发传单。传单最好用可折叠的小传单。发传单的时候，应该恭敬地递给顾客。

◆在发传单、放海报等宣传资料的时候，应该根据人流通行方向来调整。

◆用“Z”字形法则和微乱摆货法，让顾客不自觉地想要伸手。

实践练习 PRACTICE

写下你平时吸引顾客、跟顾客打招呼的方式，与书中传授的技巧对比有哪些差异?

你平时发传单的时候，除了考虑人流量因素，还考虑过人流方向、电梯方向等因素吗?

设想你要做奶茶推广的传单，怎样的传单才会让别人收下，并且不扔掉?

假设你在卖场卖床上用品，需要给顾客介绍商品，你是否使用了自己特有的、简洁明了的介绍词语?

第 3 章

你说的都是套路，顾客为什么要听？

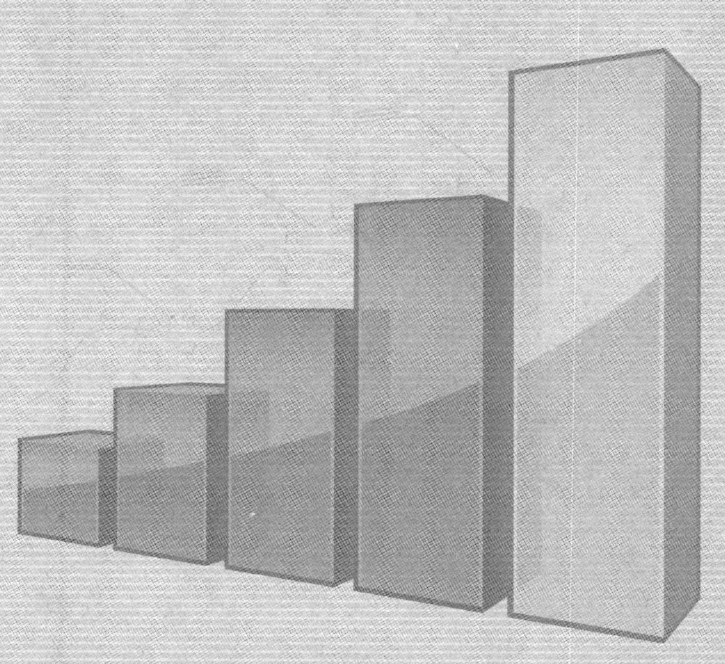

让顾客对商品产生好奇心，想“哎，这是什么”后，下一阶段就是要让顾客了解商品，说“哦……然后呢”“啊……原来如此”的阶段。要想让顾客顺利地上升到这个阶段，销售员的谈话技巧很重要。

销售员群体中，会向顾客介绍商品但不会找其他话题的人很多，能和顾客进行一定程度的交谈，但是话说到一半就接不下去让双方都陷入沉默的销售员也不少。我自己也是，刚刚从事销售工作的时候，被无法继续话题带来的尴尬沉默困扰了很久。不过现在的我掌握了很多谈话技巧，之前的“沉默”完全消失了。

本章我将教你如何在谈话过程中找到引导顾客进入下一个购买心理阶段的契机，教你介绍商品时的技巧，以及让话题继续下去的技巧。不善于交谈的销售员们，请务必参考。

1. 顾客并不知道自己要什么，你要替他发现

我从事销售工作以后，常常体会到这样一个道理——“销售员就是职业咨询员”。并不是所有顾客都是很有目标性地出来逛街购物，事实上“目标购物”的顾客很少。大多数顾客还是享受着边看边挑，然后再决定买不买的整个购物过程。也可以说顾客是为了找到潜意识里想要的东西而逛街。

作为销售员就应该像专业咨询员一样，发掘出顾客潜意识里想要但自己都没有意识到的商品，挑选出最适合顾客的商品，然后引导顾客购买。“哎，这是什么”的下一个阶段是“哦……然后呢”，处在这一阶段的顾客还没有想买的意思。这个时候我通常会按照事先做好的三页左右的商品资料，花十秒左右的时间介绍商品。

发掘出顾客潜意识里想要但自己都没有意识到的商品。

介绍的时候，放慢语速是关键。客人来店里逛的时候，通常心情都不是很平静。介绍新东西的话，顾客都需要一定的时间来理解。因此即便是简短的商品功能介绍，也要提前考虑好顾客的想法和感受，说明越简单越好。

介绍的时候，放慢语速是关键。

举个例子，卖一种能洗掉毛孔里污渍的香皂时，我会在单词本大小的卡片上写上商品的特征。然后跟客人说“试着洗一洗，就立刻明白了”“为什么呢？因为一洗污垢就会出来”，我一边说一边翻卡片给顾客看示意图。这样一来顾客就能立刻理解你想表达的意思，意识到这个香皂去除毛孔污垢的效果真的不错。理解了之后，顾客也就自然心安了。

用三张卡片左右大小的纸来介绍商品

在5厘米×7厘米可以放在手上大小的卡片上写上商品的特征

大多数女顾客都会被“毛孔”“污垢”之类的词吸引住，继而对相关的商品产生兴趣，之后就会冒出各种疑问。如果销售员在这个时候对商品进行

一定的介绍的话，顾客就能被引导到“啊……原来如此”的阶段。详细的商品说明，就从这个阶段开始。销售化妆的，“美白”“保湿”“去斑”等词也能勾起顾客的兴趣。总之，销售员的作用就是发掘出顾客自己都没意识到的潜在需求。

总之，销售员的作用就是发掘出顾客自己都没意识到的潜在需求。

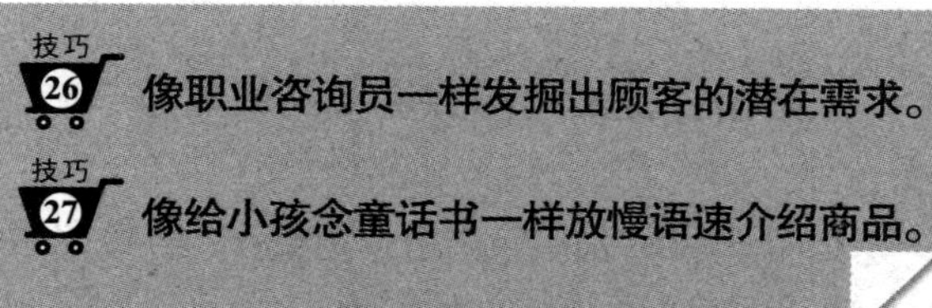

2. 会讲故事，顾客就能一直听你说

大家都很清楚，销售员的工作就是卖东西。于是当有顾客停下脚步挑选商品的时候，很多销售员就会不自觉地想：“一定要把东西卖出去。”然后开始和顾客攀谈。对于这一点，我在第二章已经介绍过了，你越是想卖给顾客，顾客就越觉得有压力而不愿意购买。

虽然顾客被吸引而停下脚步，但到购买还需要一定的心理准备。

虽然顾客被吸引而停下脚步，但到购买还需

要一定的心理准备。要想成交，就必须让顾客上升到“哦……然后呢”“啊……原来如此”的阶段。这时介绍商品的优点很重要，你首先需要让顾客了解你的商品。不过如果你一味地用商家惯用的宣传台词去介绍的话，顾客根本不会对你的话产生兴趣。

◎做销售就是给顾客讲商品的故事

任何一件商品都有它的“历史”，给顾客讲商品的“历史”是销售员的工作。

谈过恋爱的人都知道，一旦恋爱了就很想知道对方的事情，不管多细小的事都想了解。跟恋爱的这种感觉一样，我爱商品，就开始调查商品。“它是什么季节，在什么地方被开发出来的呢？开发的目的又是什么呢？”我自己会想象：“在炎炎夏夜难以入眠的时候，想让脖子凉快一点，突然想起垫子的弹性材料也可以吸热，于是用来做了枕头。”

“历史”用英语说是“history”，分解一下就是“his”“story”，“他的故事”。

有了这样的想法，再跟厂家确认一下自己的想法对不对。就这样，我总是有各种新发现。正因为是自己发现的话题，跟顾客讲起来也会特别

自信，充满说服力，很容易打动顾客的心。

◎每件商品背后都有很多的故事

喜欢一样东西的话，就会越发地想了解它。“原材料是什么呢？有什么特征啊？”“谁给我介绍的这件商品来着？”“是谁制造的呢？”想各种问题，让自己的思想驰骋起来。然后想象一下：“为什么要制造它呢？”一调查你就会发现，这背后有很多能促使顾客购买的故事。

——“我家孩子皮肤很脆弱，所以我想要一种连孩子都可以安心使用的商品。”

——“我以前总是腰疼，于是我发明了能解决腰疼问题的产品。”

——“这件商品有着悠久的历史，我要在它身上加入新时代的附加价值，然后继续将它流传下去。”

你会发现，一件商品是在历经了很多人的手，在各种错综复杂的努力之后诞生的。了解了商品背后的精彩故事再传达给顾客是我们销售员的价值所在。可以毫不夸张地说，销售工作是一份闪闪发光的工作。

技巧 28 像了解自己的男（女）朋友一样去调查了解商品。

3. 让顾客相信每一件商品都是艺术品

按照上文的道理，给顾客讲商品背后的故事就能达到成交的目的，这是为什么呢？

如今这个时代被称为什么都不好卖的时代。要让顾客喜欢你推荐的商品，不仅价格要便宜，还要给顾客传达商品的真实度以及背后的故事。“商品的原材料是什么？”“开发这件商品的契机是什么？”“商品开发过程中经历了哪些艰辛？”这样的问题在商品的宣传资料和介绍册子里面通常涉及不到。所以当我决定卖一件商品的时候，一定会先向厂家打听清楚商品的历史、诞生的背景，以及开发者开发时是怎么想的。

> 如今这个时代被称为什么都不好卖的时代。

当你了解了商品背后的故事后，跟顾客的谈话深度就上升到另一个阶段，交流也就更顺畅。

——“这种商品是哥伦比亚当地妇女怀孕期间一定要吃的东西，营养价值很高，而且卡路里也不高……”

——“事实上，商品开发者的夫人就因为皮肤不好而苦恼……”

——“开发者觉得无论如何都要用最天然的东西，于是提取了澳大利亚深海的镁元素……”

当你了解了商品背后的故事后，这样就能自然地开展话题。

你可以直接咨询厂商，也可以利用网络自己查。在网上事先查好，掌握一些有深度的话题之后，销售过程中就不会发愁没话说。听了你讲的故事，顾客会觉得：“啊，原来如此……”

销售时不要尽说商品的优点来推销，要告诉顾客他们想知道的信息。

让顾客感受到商品的真实可信度，跟顾客讲商品背后的故事。

想要顾客心理上升到“哦……原来如此”阶段，就找一些商品相关的有深度的信息。

4. 一图胜千言，有图有真相

正如前文所述，跟顾客讲商品的真实可信度和商品背后的故事就不会让顾客觉得你是在极力推销。要做到这一点，事前的准备很关键。只要准备好了，和顾客交谈的时候就能左右逢源，不会没话说了。

这里我举一个实践过的例子，是我作为指导员时要求销售员做的一个谈话图表。如果是刚开始做销售的销售员，就先组织起一段介绍商品真实可信度的谈话。我觉得从商品的素材着手组织语言会比较容易。在纸上写下商品的素材或某个部件，然后引出三条线。

①这种材料还用于制作什么别的商品，对人体是否有害？

②这种材料有什么效果，为什么这么说？

③这种材料是从什么东西里提取出来的，产地是哪儿，有什么特点？

以材料为中心的谈话图表示意图，
和顾客交谈的时候就用它啦！

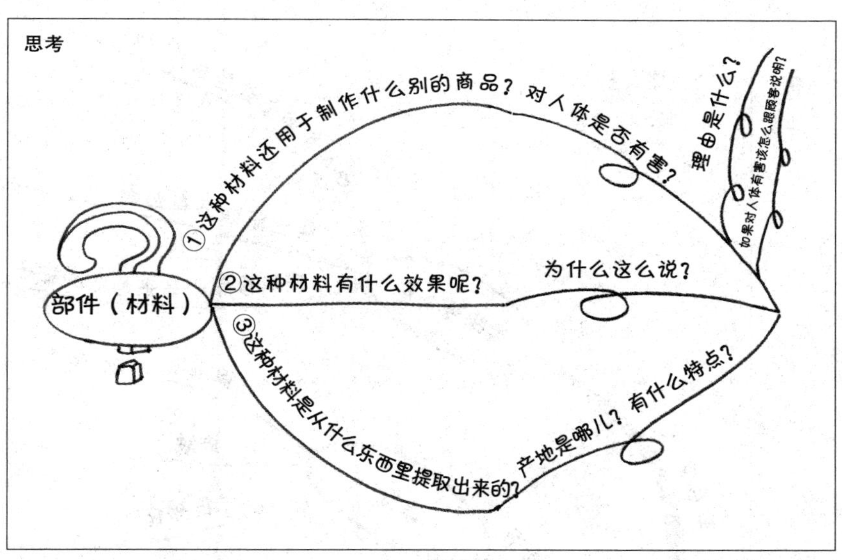

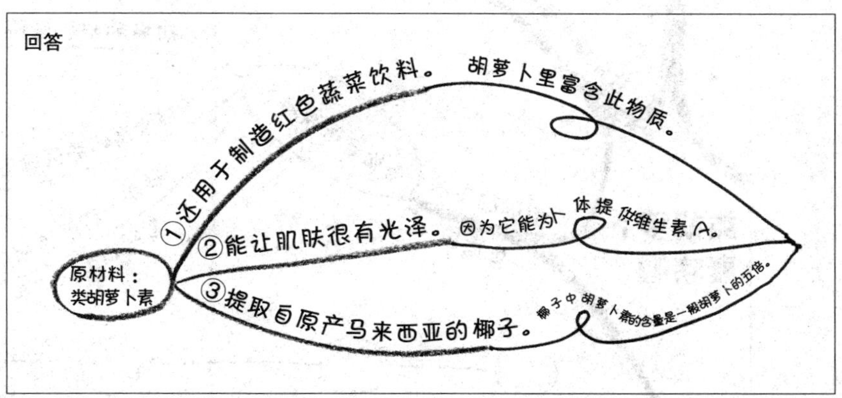

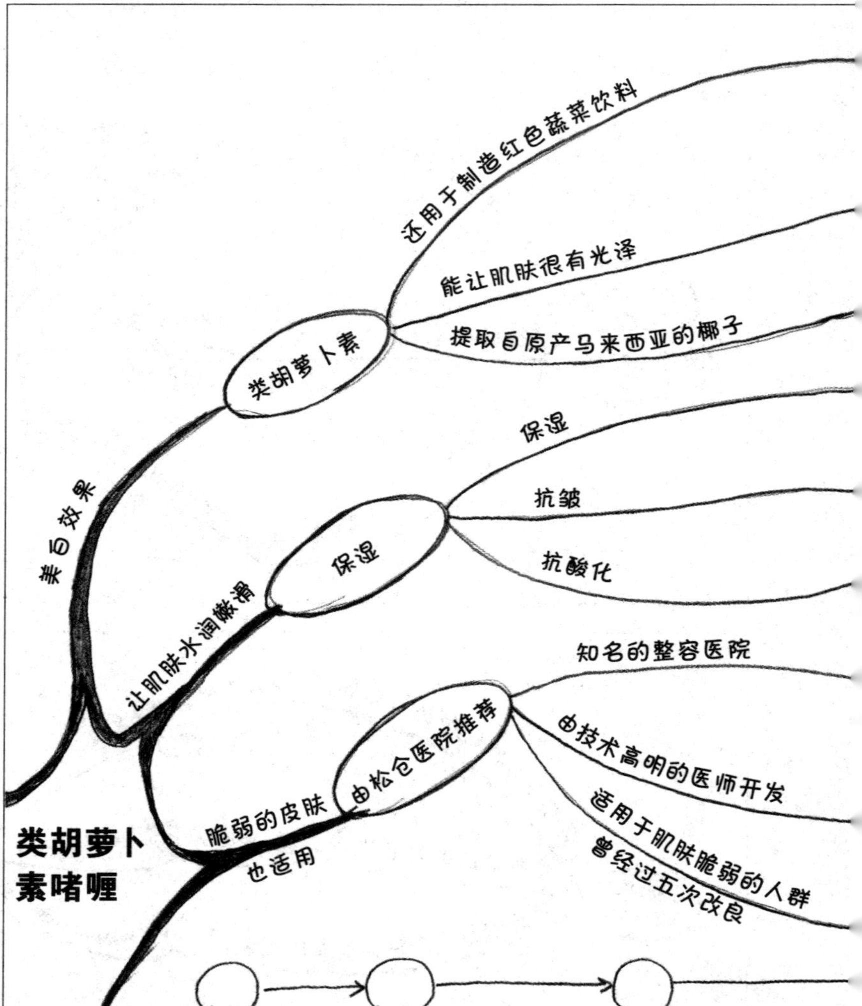

类胡萝卜素啫喱

美白效果

类胡萝卜素

还用于制造红色蔬菜饮料

能让肌肤很有光泽

提取自原产马来西亚的椰子

让肌肤水润嫩滑

保湿

保湿

抗皱

抗酸化

脆弱的皮肤也适用

由松仓医院推荐

知名的整容医院

由技术高明的医师开发

适用于肌肤脆弱的人群

曾经过五次改良

商品介绍的流程就是这样！关于材料的商品介绍表样本

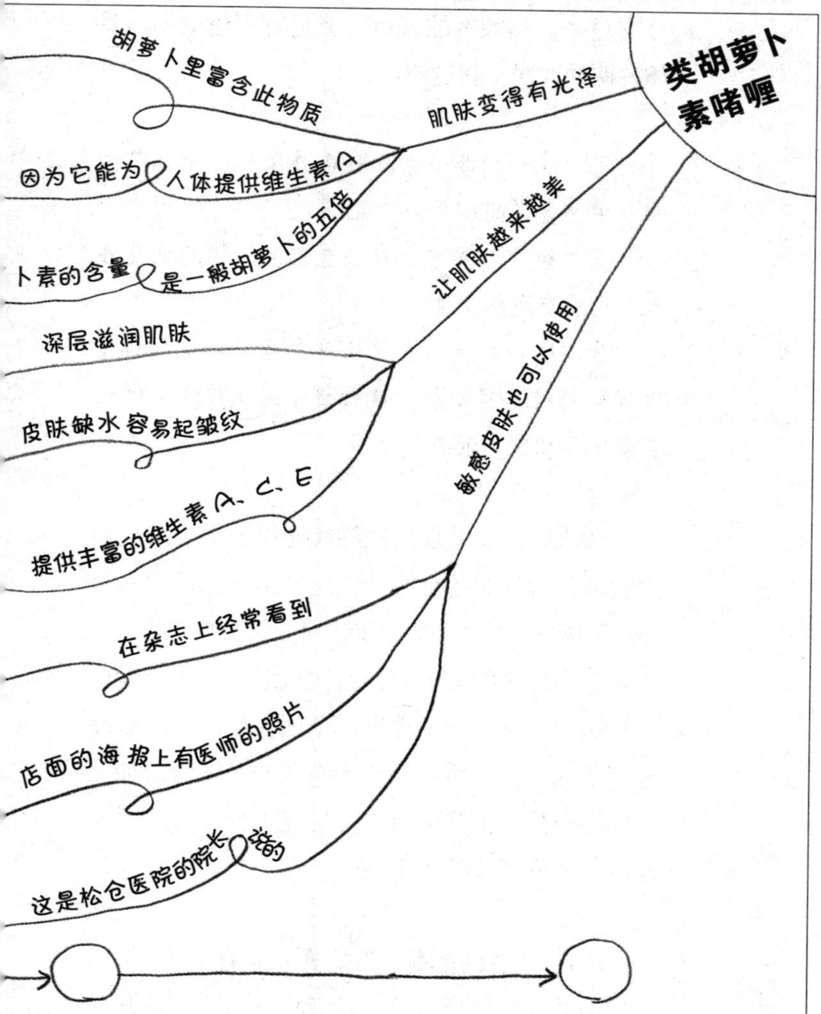

类胡萝卜素啫喱

肌肤变得有光泽

胡萝卜里富含此物质

因为它能为人体提供维生素A

卜素的含量是一般胡萝卜的五倍

让肌肤越来越美

深层滋润肌肤

皮肤缺水容易起皱纹

提供丰富的维生素A、C、E

敏感皮肤也可以使用

在杂志上经常看到

店面的海报上有医师的照片

这是松仓医院的院长说的

P99的图例是卖一种叫“类胡萝卜素美容啫喱”的化妆品时使用的，分成三条路线进行说明。分支越多，和顾客的谈话就能进行得越顺利。具体说明的时候，就这样说：

①“这种胡萝卜素在红色蔬菜中，尤其是胡萝卜中含量很高。”

②“胡萝卜素可以让肤色变亮，因为它能在人体内转变成维生素A。”

③“这种胡萝卜素是从产自马来西亚的椰子里提取的纯天然物质，这种椰子里胡萝卜素的含量是一般胡萝卜的五倍之多。”

像这样，单单是原材料就能拉出这么多谈话的资本，从其他各个方面也这样组织话题。每次在给不同的顾客说明时可以从不同的地方开始说。比如上次是说的第一项，这次从最后一项或者中间开始说，总之脑子里有一个图，自己灵活选择按哪条线走。还可以进一步地在一个图里面加上“商品素材”“商品的真实可信度（商品效果以及诞生背景）”等好几个话题。

P101的图也是卖“类胡萝卜素美容啫喱”时制作的并实际使用过的谈话示意图。你可以从商

品的传单上挑出一些觉得不错的亮点，然后自己进行一定的补充。

以P100-101的图为基础，推而广之，对商品进行反复说明。把每一条思路都理清楚，说明过程中漏掉的话题就会减少很多。一旦建立起自信，和顾客交谈就会越来越顺利。当然，要建立自信，充分的事前准备是相当重要的。

画一幅介绍商品的谈话图，把要介绍的内容明示出来。

以原材料和商品背后的故事为素材组织语言。

一个方面引出三个话题，和顾客交谈起来就能得心应手。

5. 只要顾客愿意拿起来，成功率就会大增

有很多销售员都是在介绍完一遍商品后不知道再说些什么，于是陷入了沉默。为了应对这种尴尬的沉默，我通常会做一件事，那就是让顾客亲手拿一下商品。

但是如果直接跟顾客说："您可以拿起来好好看看。"顾客是不会主动拿的，这个时候我会拿起商品递到顾客面前说："您拿着看看。"

这样做的话，大多数顾客都会接过你递的商品，然后会说一两句诸如"啊，比我想象中重（轻）多了"之类的话。而这正是你和顾客搭上话的契机。你可以顺势说一句："这么重（轻）是有原因的……"从而引出更多的话题。

事实上，让顾客亲手拿一下商品不仅可以制造跟顾客搭话的契机，顾客听了一遍商品的介绍以后，已经上升到了"啊……原来如此"的阶段，这个时候让顾客拿一下商品的话可以提高顾客的购买率。原因很简单，相比只是用眼睛看一看，拿起来摸一摸、闻一闻、尝一尝，通过五官来感

受商品后，顾客更真实地了解了商品，也更容易萌发想买的念头。

下面是我在东急HANDS一家店卖香皂时的事情。

顾客问我："哪种香皂最畅销啊？"

我指着墙上挂的表格告诉顾客："这是香皂销量前十名的排名表。"

于是那位顾客拿起一个个香皂观察。拿起销量第一的香皂的瞬间，顾客喃喃地说了一句："哎，这个香皂看着和别的差不多，但是比别的都贵。"

这时，我轻声说了一句："是啊，香皂里面包含了制造者的良苦用心啊！"

这么一句话，就让顾客从沉甸甸的香皂里感觉到了其中蕴涵的深意，最后顾客买了一个。

我在另外一家店卖便当盒的时候有过这样一个故事。

顾客拿起便当盒说："比想象中轻很多啊。"

我回答说："是因为挑选了很好的原材料。"

就这样，顾客在便当盒的轻巧中看到了原材料质量很好，最终决定买了。

人都很有趣，不管是否了解商品，都会充分发挥五官的作用来对商品做判断。买枕头的时候，顾客会用手抓一抓试枕头的弹力；买地毯的时候，顾客通常都会用手去抚摸；买化妆品的时候一定会把盖子打开闻一闻香味。因此，对商品进行说明的时候就让顾客亲手拿起商品感受一下轻重和柔软度吧！

陷入尴尬沉默的时候就让顾客亲手拿一下商品。

在"啊……原来如此"的阶段让顾客亲身感受一下商品可以提高成交率。

6. 你想说什么不重要，顾客想听什么才重要

现在的我在和顾客交谈的时候能轻松地开几

句玩笑，但刚开始做销售的时候我可完全没有这种能力，总是特别紧张，说不出话来。

顾客："怎么办才好呢？"

我："……"

顾客："买小的吧，不过买大的是不是更划算啊？"

我："……"

顾客："……"

我："……"

顾客："这商品是不是一直都有啊？"

我："是的，一直都卖。"

顾客："哦，一直都卖啊，那下次再说吧。"

刚开始销售，我紧张得直冒汗

你说哪个更好？

……

买小的吧，不过买大的是不是更划算啊？

……

这商品是不是一直都有啊？

是的，一直都卖。

哦，一直都卖啊，那下次再说吧。

第 101 次失败

如果一直沉默不语的话，就会出现上述的这种尴尬局面。那么怎样做才能避免这种尴尬呢？下面我介绍一种最简单的方法，那就是用相同的节拍重复顾客的句尾。只是重复一下句尾，很简单，谁都可以做到。这个方法感觉就像相声里“丢包袱”和“接包袱”。

> 重复一下句尾，感觉就像相声里“丢包袱”和“接包袱”。

相信很多人都看过相声表演吧。

丢包袱：“我……”

接包袱：“你怎样？”

丢包袱：“要是面前站了一个美女……”

接包袱：“站了一个美女又怎样？”

丢包袱：“心就会扑通扑通地跳。”

接包袱：“啊，心跳加速啊，然后呢？”

丢包袱：“但是……”

接包袱：“但是什么？”

丢包袱：“今天……”

接包袱：“今天怎么了？”

丢包袱：“今天我完全心平气和。”

接包袱：“你这是说什么话啊！”

接包袱的时候只有最后一句话很不一样，其他都是在重复对方的话，但是即便这样说话，还是感觉双方很搭调。

销售员没有必要像相声演员一样逗大家乐，只要单纯地重复顾客的话，就可以避免陷入沉默。

顾客："怎么办好呢？"

我："是啊，选什么好呢？"

顾客："买小的吧，不过，买大的似乎更划算。"

我："是啊，买大的划算。"

顾客："嗯，对，那我还是买大的吧！"

我："好的，就买大的。"

像这样，我只是重复了对方的话，就让我们的谈话持续下去了。重复对方的句尾，可以让对方觉得有同感，让对方发现自己内心真正的想法，在此基础上将话题进行下去。

用和顾客说话速度一样的拍子重复顾客的句尾。

7. 销售员的说话之道：精简+节奏

前面我们说了相声艺术，现在我们说一说大家熟悉的《男人不容易》这首歌的创作者寅先生。

“我，出生，成长，都是坎坎坷坷。”
“姓车，名寅次郎。”
“人称‘疯癫的寅先生’。”

这是寅先生惯用的开场白。事实上这种不拘一格、饶有趣味的说话方式，正是能吸引顾客购买商品的方式。我刚刚从事直销的时候，为了寻找一种可以作为参考的说话方式进行了很多研究。在对商品进行说明的时候也变换节拍进行尝试，最终发现还是寅先生的说话节拍最有效。

我也参考NHK播放的《日本的语言艺术》节目，该节目主要讲的是日本传统的落语、杂谈等语言艺术。通过这个节目你可以听到各种有旋律、有节奏的说话方式，也可以学到一些拟声、拟态的说法。这些语言技巧在直销中都是相当适用的。

◎要有意识地精简语言，说话也要有节拍

为什么说寅先生的说话方式是最适合销售时用的呢？我也不知道我的想法对不对，但是在我看来，人都是在旋律中对新事物进行理解的。商品说明时，你罗列出的各种道理都会直接刺激顾客的左脑，但是，刺激左脑很难达到成交的效果。讲各种让顾客购买的道理固然重要，但只讲道理是不够的。前些年常用的博取顾客同情的“求求您了，您买吧”之类的说法，在如今这个时代根本行不通。

根据我多年的经验，如果不刺激到顾客的右脑，就很难把商品卖出去。右脑会通过印象和感觉来对事物进行判断。我和顾客交谈的目的就是为了刺激到顾客的右脑。而刺激右脑的一个方法就是，说话时制造一种旋律。来购物的顾客中，大部分是女顾客，而女性更重视感觉。通过语言的刺激，将商品的优点传达出去，成交的概率就会很高。

> 说话有两个关键，一个关键是要尽量精简语言。

要像寅先生那样很有节拍地说话有两个关键。一个关键是要尽量精简语言，“这个啊……”“嗯……”“但是啊……”“所以呢……”

之类的话都要省略掉，总之就是一定要长话短说。直销时，很少能花上一分钟对商品进行说明。就像我在前面的“购买心理的五个阶段”中说的一样，从吸引顾客到最终成交通常只花三十秒的时间。在这短短的三十秒内要向顾客传达到商品的各个优点的话，就必须用简短精练的语言直接说明。

另一个关键就是，话都得和着“啪啪”的节拍来说。我们来分析一下刚刚介绍的寅先生的开场白：“我（啪），出生（啪），成长（啪），都是坎坎坷坷（啪啪）。姓车（啪啪），名寅次郎（啪啪）。人称（啪啪）‘疯癫的寅先生’（啪啪）。”你可以一边念出声，一边轻轻敲桌打拍子，试一试就明白了，这种旋律听着真的很顺耳。

> 另一个关键就是，话都得和着“啪啪”的节拍来说。

那么掌握了这两个关键后又怎样对商品进行说明呢？下面我举一个实际的例子。这里插一句，在考虑如何对商品进行说明的时候要把要点一项一项地列出来。按照“结论”“原因”“起”“承”“转”“合（结论）”的顺序来说，说起来抑扬顿挫也有节奏感。注意，要以“结论”开头以“合（结论）”结尾，就是说重要的地方要说两次。

> 重要的地方要说两次。

【销售香皂的例子】

“结论”：可以提亮您的肤色。

“原因”：这种香皂可以洗净毛孔里的污垢。

“起”：香皂的成分中含有负镁离子。

“承”：毛孔中的污垢是正离子。

“转”：因此它可以像磁铁一样把污垢吸出来。

“合（结论）”：你用了以后周围的人肯定都会说“哇，你皮肤好亮啊”。

有节奏意识，用精练的语言进行说明。

说明时按“结论”“原因”“起”“承”“转”“合（结论）”的顺序来说，结论要说两遍。

8. 重要的事情说三遍，每一遍都不能重复

选举的时候，候选人都会反复呼喊自己的名字，原因很简单，说的次数越多就越能在选举人的脑海里留下深刻印象。前面我也提过，反复地

看或者听，随着次数的增加，相应的好感也会增加。但是如果一直都重复相同话题的话，就会让人觉得很冗繁。因此我在对商品进行反复说明的时候，关键词我会换其他说法来表达。

举个例子：“往泥土里加水，浇上去，哗哗地从上往下倒，就像下雨一样……”像这样，“加水”“浇上去”“哗哗地从上往下倒”“就像下雨一样”，同样的意思我用了四种不同的方式来表达，以此向对方传达了故事的整体印象。

◎专用术语也换一种说法来重复一下

这种“换种说法重复说明”的方法同样适用于专业术语。用专业术语说明的时候要加上一句专业术语的解释，这样才便于顾客理解。

> 这种“换种说法重复说明”的方法同样适用于专业术语。

比如：“这是一种渗透性很高的水，因为它的聚成分子很小。”一句话里面用到了“渗透性”“聚成分子”两个术语，直接这样说的话，顾客不容易理解。换种说法：“这种水渗透性很高，可以渗透到皮肤深层，因为它的聚成分子就是一种很小的微粒，只有普通水分子的1/10大。”这样一来，“渗透性”用“可以渗透到皮肤深层”来

说，“聚成分子”用“很小的微粒，只有普通水分子1/10大”来说，顾客就更容易理解。

这里再给大家介绍一个例子，是我之前卖美容乳液时的商品说明。我在说明过程中注意了“换种说法来重复”这一点。

【介绍美容乳液的例子】

“结论”：这种乳液可以让皮肤水润嫩滑。

“原因”：睡觉时如果皮肤太干就很容易起皱纹。坚持使用这种乳液可以让五年以后的你看起来和现在一样年轻，因为这种乳液有锁住水分的效果。

“起”：对肌肤来说，水分相当重要。特别是过了二十岁，人会越来越觉得皮肤缺水。如果突然发现最近皮肤比较干的话就一定要注意了，干燥的时候最容易起皱纹。

“承”：这种美容乳液的“聚成”就是“原子组合”，比一般水分子小很多。

“转”：它能渗透到皮肤深处。采用的是“超微技术”，就是用十亿分之一比例的显微镜才能看清的微生物技术。

“合（结论）”：因此这种乳液可以渗透到皮肤深处，让您的皮肤水润嫩滑。

如果在说明时加上“嫩嫩的”“滑滑的”“刺溜刺溜的”之类能表现商品特点的拟声、拟态词会更有说服力。为了强调商品的优点，我会加上抑扬顿挫的语气。这样说会更形象，说起来也很有意思，就很容易和顾客越聊越开心。

想要传达的关键词换换别的说法反复说几次。

使用专业术语的时候要加一句解释。

用拟声拟态词来形容商品的特征会更有效果。

9. 商家做了那么多广告宣传，你要会用啊

如果顾客知道你销售的商品报纸杂志都报道过的话，对商品的信任度会骤然提升。但有的销售员为了表明商品的知名度和优点，在销售的时候拿各种乱七八糟的资料给顾客看，其实

这种方法是不可取的。给顾客看太多东西，反而会导致顾客思绪混乱，不知道该不该相信，该不该买。因此，向顾客介绍的时候，只拿一份报道就够了。但是绝对不能拿花钱登的广告，因为这样的广告反而会让顾客觉得可信度不高。要尽可能地利用公共传媒，并且是报纸、杂志主动来采访的报道。

向顾客介绍的时候，只拿一份报道就够了。但是绝对不能拿花钱登的广告。

这里要注意不要直接打开杂志把相关报道给顾客看，要先让顾客看看杂志封面知道是什么杂志。一边用手指指着杂志名和相关报道的题目，一边介绍："在××（杂志名）的第二十四页刊登着《看得见效果的化妆品》，是这件商品的相关介绍。不要只过于简单地说"这本杂志里也有相关介绍"。对于顾客来说，最想知道的就是眼前的商品在什么杂志上被介绍过，大概内容是什么。介绍的时候加上几句相关说明，能提高商品的信用度。销售员们，以让顾客容易理解为目的，尝试一下吧！

不要直接打开杂志把相关报道给顾客看，要先让顾客看看杂志封面知道是什么杂志。

在介绍杂志报纸上商品的相关报道时，要一边用手指指着报道，一边念出声。就像早上读报那样的感觉。

我一边指着报道一边念："以三十岁左右的上班女性为中心，让没有充足时间化妆的她们也能在短时间里做好基本护理。凭借这个亮点，销量很好……您看这里是这么报道的。"

顾客："哦……是吗？"

我："专为忙碌的职业女性打造的哦。"

像这样念给顾客听不仅可以提高信赖度，还可以把商品的优点有效地传播到顾客大脑里。

报纸宣传比自己说——强一百倍

两分钟搞定……
保湿、美白、防晒都包括……
您看这里是这么报道的。

哦……
是吗？

这报上说的，“专为忙碌的职业女性打造的哦”。

告诉顾客相关报道在哪里后，很少有顾客会自己主动拿过来读。可以毫不夸张地说，顾客在店里购物时是没有心思去读一些文字材料的。跟顾客念商品的相关介绍，时间不要超过十秒，把你想强调的地方明确地传达给顾客就行了。

利用杂志中商品相关报道进行说明之前先把杂志的封面给顾客看看。

技巧 44

念商品相关报道给顾客听的时候，时间不要超过十秒。

工具总结 SUMMARY

◆放慢语速介绍商品，像职业咨询员一样发掘出顾客自己都没意识到的潜在需求。

◆强卖不可取，要给客人讲与商品相关的故事。

◆销售要跟顾客讲商品背后的故事，不要尽说商品的优点来推销，要告诉顾客他们想知道的信息，好让顾客感受到商品的真实可信度。

◆以原材料和商品背后的故事为素材组织语言，画一幅简单的谈话图，把介绍的内容明示出来，和顾客交谈起来就会得心应手。

◆让顾客亲手拿起商品感受一下，通过五官来感受商品后，顾客更容易萌发想买的念头。

◆与顾客谈话语言要精简，说话要有节拍，对话的时候可以重复顾客说的话。

◆重要的关键字，可以换一个说法反复跟顾客说，用拟声、拟态词效果更佳。

◆利用杂志中商品相关报道进行说明之前先把杂志的封面给顾客看看，并在十秒内把想强调的商品特点念给顾客听。

实践练习 PRACTICE

给顾客介绍商品的时候，除了用商家惯用的宣传台词，你还会用哪些方式?

你是否搜索过自己销售的商品的相关资料，比如商品的历史、诞生背景等?

假如你在商场卖化妆品，为了让顾客更加直观地了解商品，你尝试过做一张谈话图表吗?

第 4 章

说得再多，顾客听进去的只是几个关键词

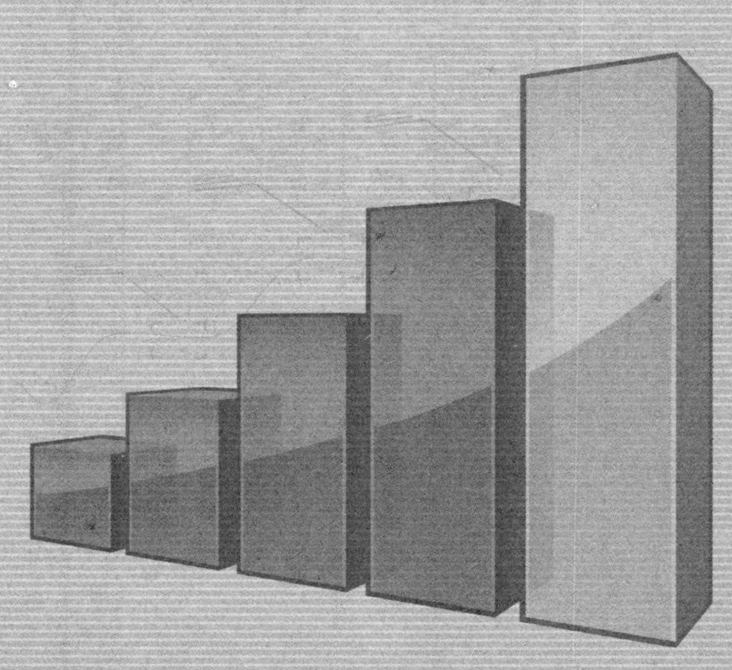

在销售这个行业，如果销售员稍微态度强硬一点，大多数顾客都会决定购买。长年从事销售的销售员都会发现这个潜在规则，于是有的销售员就开始利用强卖来达到成交的目的。但强卖会直接导致顾客投诉，也会严重损害店铺的形象。顾客不了解背景，不论你是被派遣过来的销售员还是店里的从业员，对顾客来说都一样。

那么，在不强卖的前提下该如何销售呢？怎样才能勾起顾客的购买欲望，让顾客自己把商品放进购物筐呢？本章我将教你几个行之有效的技巧。

1. 强扭的瓜不甜，得让顾客心甘情愿掏钱

所谓“收尾”就是指商品说明结束后让顾客购买的步骤。也就是购买心理的五个阶段中由“啊……原来如此”到“嗯……买还是不买呢”的阶段。销售过程中觉得很难收尾的销售员有很多，我也曾为此苦恼。后来，经过我的探究，我总结出一个道理，那就是绝不能匆匆收尾强行让顾客购买。

绝不能匆匆收尾强行让顾客购买。

如果商品够好，你也已经将它的价值完完全全地传达给了顾客的话，之后买与不买就取决于顾客的钱包有多厚了。如果钱够的话，顾客就会购买；但如果身上没有带那么多钱，顾客想买也买不了。因此，到了这一步，顾客买还是不买，都不是销售员的责任，而是顾客自己的事情。

了解了商品的好处，即便顾客当时不买，以后再来店的时候也会买，甚至会专程再来一趟。最近网上购物很盛行，顾客也很可能在网上购买。因此我认为，为了保证顾客之后能搜索到商品，在顾客离店时最好给顾客一份宣传单或者小册子。但是也不是所有没购买的顾客都给宣传单，客人

问你要，你给一份就行了。

买还是不买，把决定权交给顾客。

如果急功近利，匆匆收尾，强行让顾客购买的话，就一定会让顾客觉得自己是被强迫的，然后进行投诉。因此，不要强行给顾客推荐商品买还是不买，把决定权交给顾客。

不能匆匆收尾，强行让顾客购买。

为确保顾客之后能找到商品，提供商品的一些相关信息。

上升到购买心理的第四阶段后，之后的决定权交给顾客。

2. 最后像“挤牙膏”一样适当刺激，推动顾客成交

我前面也说了，最后买与不买得看顾客的钱包有多厚。我们销售员能做的除了自信满满地将商品的优点传达给顾客以外，还能做一件事，那就是通过最后的一句话推动顾客购买。在戏剧里

面就叫“决胜的台词”。具体台词有以下三句：

【只有现在】(想用这么便宜的价格买的话，只能是现在/时间局限)

【只有这里】(你只能在这家店里能买到这件商品/场所局限)

【只有这些】(只有这些，卖完就没了/数量局限)

也就是通过告诉顾客商品的“局限性”来促使顾客购买。以上三句是谁都会，在哪儿都能说的台词。不过作为专业的销售人员，你也应该知道说话的艺术和难度。话不能随便说，在销售这一行，绝对不允许说谎。“小时候偷针，长大偷金”，谎言会严重损伤品牌形象，愈演愈烈的话就会失去顾客的信任。

顾客对于有“局限性”的商品会更感兴趣

Point

把商品的弱点，转化为吸引顾客的卖点。

例：库存很少的弱点→转化为数量有限的“局限性”来吸引顾客。

例：要出新产品了，所以旧款降价处理→转化为限时降价销售。

◎“决胜的台词”要和有说服力的理由一起说明

我们前面提到了“决胜的台词”，那么怎么样说才能达到良好的效果呢？有一个原则，就是要和有说服力的理由一起说。

举一个我卖橄榄油的例子：“到 × 月 × 日是我们的消费体验期，此期间打八折。如果您喜欢这种橄榄油，肯定还想来买，但是那个时候已经恢复原价了。销售方就是瞅准了会有回头客才决定现在打折。所以，您要想用这么便宜的价格买的话，就只能趁现在了。”像这样，在顾客看穿打折的原因之前，自己先爽快明确地把理由说明清楚。

另外，如果商品只是在有限的几个店里才有货的话，就基于事实跟顾客说明：“商品的制造厂家是资金不够雄厚的零散企业，如果大量生产，库存太多就可能出现资金周转不良的风险。所以它生产得很少，在为数不多的几家店销售。在日本关西地区，您只能在我们店才买得到。”这样清楚明白地陈述出局限性的理由就会很有说服力。

其实在说明的背后还藏着一招，那就是把零

散企业不能大量生产的弱点，转化成商品很稀有的优点。事物都是有两面性的，通常被大家认为是缺点的地方，换个角度看，就变成优点了。作为销售员，一定要学会灵活运用事物的两面性。

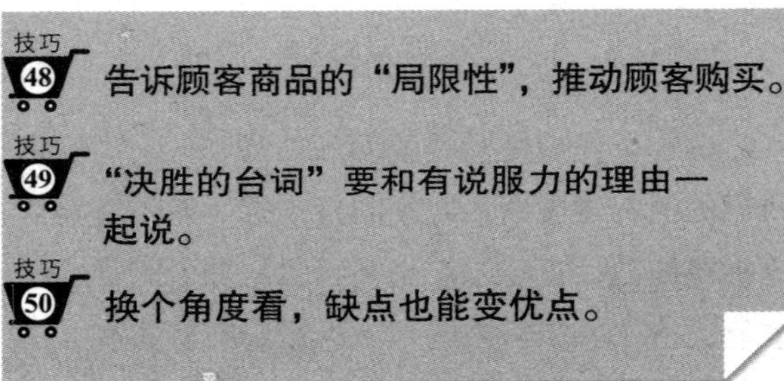

3. 顾客的犹豫都是因为你，教你三招让他们下定决心

介绍完一遍商品后，有的顾客会为买还是不买而犹豫不决，这个时候很多销售员就不知道做什么才好了。这里我交给大家三种应对这种情况的方法。

◎顾客没听进去介绍，就再讲一次

第一种方法：重新再进行一次商品介绍。很多顾客都是看起来好像在听你介绍商品，实际上根本没听进去。你感觉他在很认真地听你介绍，结果后来他又问你已经说明过的问题。其实顾客在听你介绍的时候只挑自己想知道的听，所以，向同一位顾客介绍两遍商品没什么奇怪的；应该说两遍还不够，多说几遍才对。当顾客犹豫不决的时候，就再介绍一遍，同样的话换一种表达方式就行。

向同一位顾客介绍两遍商品没什么奇怪的。

◎如果面前有好几位顾客，就向另外一位顾客从头到尾介绍一遍商品

第二种方法：向别的顾客介绍一遍商品。这种方法也是再进行一遍商品介绍，和上一种方法不同的地方就是说明的对象不一样。如果面前只有一位顾客的话，就不得不用第一种方法，当有好几位顾客的时候，就可以向别的顾客介绍。这样一来，犹豫不决的顾客能再听一遍相关介绍。

介绍的时候可以采用我在第三章中介绍的方法，利用事先做的说明图表，上一位顾客按这条

路径说明，下一位顾客就换另一条路径。我之前也多次强调如果态度强硬，逼着犹豫不决的顾客购买的话，顾客会觉得自己是被强迫的，即便当时买下来了，事后也极有可能去投诉。因此，面对一时决定不了买还是不买的顾客时绝不能强卖，再介绍一遍，把主动权交给顾客。

◎进行一些实际演示，让顾客有时间静下心来决定是否购买

如果已经向顾客介绍了好几遍也没有成交，旁边也没有别的顾客的时候，就要用到第三种方法了，那就是实际演示。为了让顾客有时间静下心来决定是否购买，更为了让顾客不离开，销售员要进行一些实际操作演示。比如把美容乳液涂到顾客手背上轻轻按摩，向顾客传达一种给她充足时间慢慢思考的信息。

你可以一边介绍一边按摩，也可以先告诉顾客商品有什么效果，顾客就会一边期待效果出现，一边听你介绍。

比如卖美容啫喱的时候就这样说：“注意毛孔的变化哦，挤珍珠大小的啫喱，然后均匀地抹开。”

这么一说，顾客就会专心听你介绍。

介绍完以后，让顾客看看双手比较一下，会发现："哇，毛孔真的变得不明显了！"

这时再摸一摸顾客抹了啫喱的手背，你再说一句："还特别嫩滑哦。"

专心做完这样的演示，大多数顾客都会情不自禁地问你："这个多少钱？"

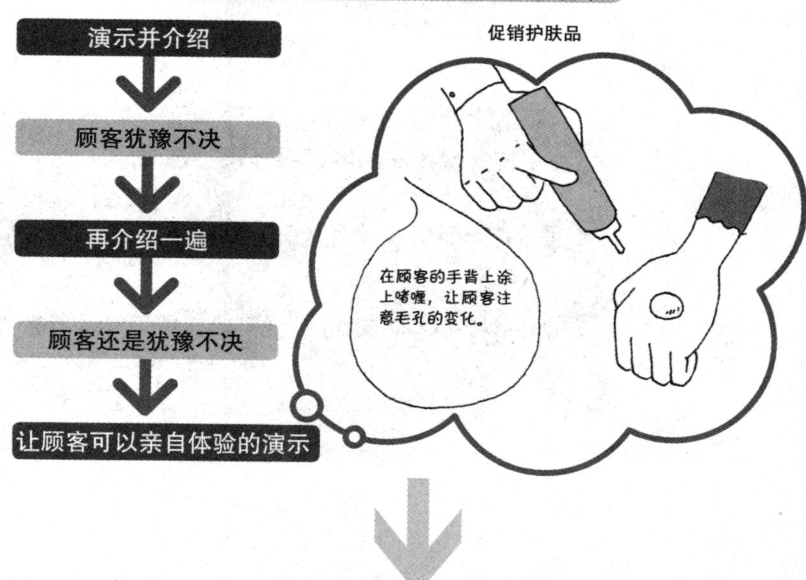

Point

花三十秒左右的时间进行演示或试用，让顾客在这段时间慢慢考虑是否购买。

拉着顾客的手进行演示，顾客就不可能离开。

像这样演示化妆品的时候，要事先预测好从涂抹到吸收的时间，对商品的介绍也控制在这段时间内。当然，演示时间可以通过你涂抹的宽度来调整，最好控制在三十秒左右。拉着顾客的手进行演示，顾客就不可能离开，这三十秒就是完全展示商品效果和特点的绝佳时间。如果卖的不是化妆品而是食品的话，可以让顾客再尝个；如果是保健器械的话，就让顾客再体验一遍。这些都是很好的技巧。

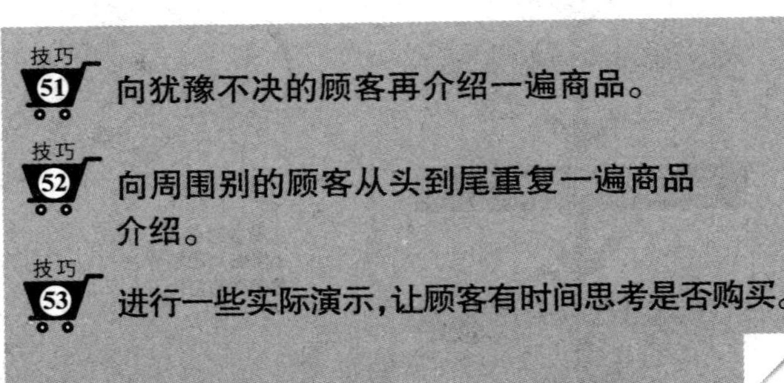

4.顾客不信你说的，但会信其他顾客说的

介绍商品的时候如果跟顾客讲其他顾客使用后

的感受会非常有说服力。所以当有回头客讲他们对商品的看法和使用心得的时候，一定要记下来以便以后使用。介绍的时候，你可以模仿顾客说使用心得时的声音和表情，不要求你学得像模仿达人那么像，只要尽量传达出顾客的感情就行。

举个具体点的例子，我在卖化妆的时候经常和顾客说：

我在北海道札幌销售某种化妆品的时候，有一位六十岁左右的女顾客走到我身边说："你看看就是这种产品，之前有一位女销售员给我推荐，我试着用了一段时间，看，眼睛下面皱纹是不是少了很多？"

我说："我没有看到您使用之前的样子，所以不知道到底效果有多好。"

顾客说：真的，你看看这里，和之前完全不一样啦！"

像这样真实地再现了当时交谈的场景，说起来也很生动。

这一招用于介绍那些自己没有用过的商品很有效。比如我这样的男销售员，有时候会卖化妆

品等女性用品，也有女销售员卖男士用品的情况。此外还有卖的是含有过敏源自己不能吃的食品，或者是卖自己买不起的很高级的吸尘器等情况。诸如这些销售员自己没有用过的商品，跟顾客讲回头客对商品的认可度很高之类的话，会很有效果。

但是，这里同样要注意，绝对不能说谎。你也可以问问用过这种产品的同事的感受。我之前就让店员先试用，然后告诉顾客："您看那边站着的那位销售员，她用了这种产品，说效果相当好，于是刚刚自己掏腰包买了一套。"总之，一定要真实地反映"顾客的心声"。

介绍使用过该产品的顾客的感受和使用心得。

通过再现与顾客的谈话情景，真实地反映顾客的想法。

"顾客的心声"可以用于介绍销售员自己没有用过的商品。

5. 顾客有纠结的权利，你有一锤定音的能力

当你作为派遣销售员到一家店里卖一种商品时，被顾客误认为是一般的店员，然后顾客指着一堆类似的商品问你“这些商品里面，我买哪个比较好”的时候，你会怎么回答呢？

这样的时刻，指着自己负责的商品告诉顾客“这个最好”的销售员有很多，这样的做法也是可以理解的。但是如果你只推荐一种商品的话，顾客会觉得你暗地里有目的，不会轻易接受你推荐的商品。如果你继续不停地推荐的话，顾客会心生戒备，觉得你要强卖给他。那么，销售员要怎么做才得当呢？

我遇到这样的情况时，都不会直接推荐自己的商品，而是拿出两种差不多的对顾客说：“这两种都不错，您看看您更喜欢哪一种吧。”让顾客自己来决定。当然，两种商品中一种是自己销售的商品，另一种是性能、价格都差不多的其他厂家的商品。

> 拿两种差不多的商品，其中一种是自己销售的，另一种是其他厂家的，然后比较。

顾客问我“选哪个好呢？”

售货员，你说我选哪一个好呢？

这个是名牌，还好用。它能消毒，还能杀菌，还能……

这个家伙，知道这么多，是促销员吧？

您看，它现在特价，卖二送一，原价……

促销员，绝对的。不买了，不买了。

然后，我会开始按顺序介绍这两种商品，说明的时候如果一种时间太长，另一种说明过于简短的话，顾客就会看穿你的心机，所以，介绍时两种商品花的时间要差不多。但是这样做的话，卖出自己销售的商品的概率只有50%。此时就要用点技巧提高顾客购买自己商品的概率。技巧就是先介绍自己的商品，再介绍相比较的商品，最后说一句“其实我刚刚介绍的商品也有这些效果”，然后补充介绍一下自己商品的一个特点。也就是说，自己的商品多介绍一次，而且是一头一尾，能给顾客留下的印象会很深刻。这样你会发现，顾客都会买你最想推荐的你自己销售的商品。

一定要注意的是，销售员要抑制住想卖自己的商品的想法。前文多次强调，做销售这一行，绝不能有“我要卖出去”“一定要买我的商品”之类的想法。

一定要注意的是，销售员要抑制住想卖自己的商品的想法。

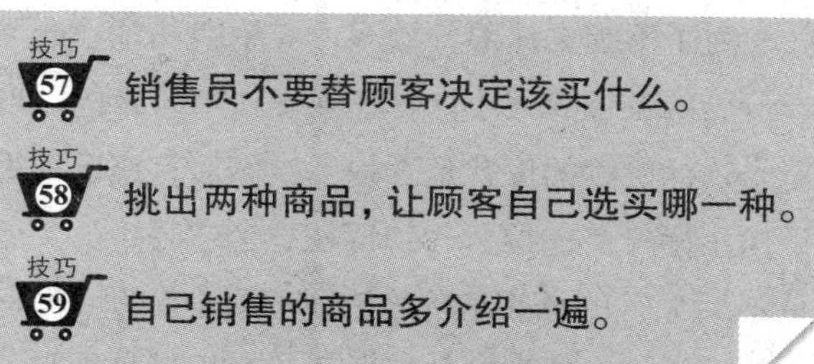

6. 标价牌心理暗示顾客

听了商品介绍，萌生了想买的想法后，顾客就会关心商品的价格。到了购买心理第四阶段“嗯……买还是不买呢”的顾客，会根据商品的价格来判断“买还是不买”，“现在是否买得起”。这个时候顾客就会开始找商品标价。但让人意外的是，即便标价就放在眼前顾客也不一定能看到。

如果顾客不能立刻找到标价的话，就会想：“这个多少钱啊？”“没找到标价，但是专门问的话也不太好啊……”“算了，还是下次再说吧。”然后离店而去。

有的销售员认为，如果顾客想知道价格的话，会主动打听。殊不知主动打听价格的顾客只占很小一部分。很多顾客觉得一旦问了价格，销售员就会要自己买下来，所以，大多数顾客是不会主动问价的。

手写的标价牌会更容易引起注意。

为了不损失这部分顾客，我重新注意了一下标价牌的位置和大小。首先要确认从顾客的角度看来，标价牌的位置是否得当，然后有意识地用手指示标价牌的位置，告诉在思考“嗯……买还是不买呢”的顾客“价格在这里”。有的店面标价印得很小，遇到这种情况我就会用随身携带的

标记笔手写一个标价牌。如果是限时抢购、降价特卖的商品，手写的标价牌会更容易引起注意。

在实际销售过程中，我会在商品介绍的最后阶段一边说一边拿起标价牌重新摆在商品前。在不知不觉中就把顾客想知道的商品价格告诉给顾客了。

◎顾客提出打折要求的时候，不要立刻拒绝

说到价格，在销售过程中有的顾客会要求你打折。日本关西地区会提出打折要求的顾客还不少，于是从东京调遣过来的一些销售员因为没有经验，一旦遇到顾客要求打折都会慌慌张张。很多销售员会干脆直接地说“不能打折”。但是，这么一说，不但东西卖不出去，还会招致顾客反感，也会给周围的顾客留下不好的印象。

那么，怎么应对这些提出打折要求的顾客呢？

有两个关键：一、不要立刻答复顾客，稍微等一再跟顾客说；二、跟顾客交谈的时候一定要表现出诚意。这里介绍几个我试过，而且很有效的方法。

伙计，便宜点我就买了！

伙计，便宜点
我就买了！

三、二、一。

我也很想给您便宜
一点，但我只是个
小一点销售员，做
不了主啊！

伙计，你
真有意思
啊，呵呵。

这是我的真心，
作为赠品给您，
您看很划算吧？

顾客："伙计，这个能不能再便宜一点啊？"

我（心里默数，三、二、一）："我也很想给您便宜一点啊，但是我只是一个销售员，做不了主啊！（然后把手放进兜里，捏成拳头拿出来。）这是我的真心（把手打开，像托起什么东西的感觉），作为赠品给您，您看很划算吧？"

这样一说，顾客会觉得："伙计，你真有意思啊，呵呵。"然后决定购买。

听到这样的话，你只要幽默点、滑头点就行。

如果是女销售员的话可以说："价格我没法做主给您便宜，但是我的微笑您想要多少就有多少！"

总之，你根据自己的情况进行创新改变，在不说谎的前提下，你可以想很多办法，这也是销售的乐趣所在啊！

顾客最后都会很关心商品的价格，所以标价牌要放在显眼的位置。

商品介绍到最后阶段，把标价牌重新摆在商品前面。

顾客要求打折时，稍微停顿一下，然后拿出诚意去应对。

工具总结 SUMMARY

◆上升到购买心理的第四个阶段后，买还是不买，决定权交给顾客。

◆说明商品的“局限性”（时间、场所、数量局限），用有说服力的“决胜的台词”推动顾客购买。

◆如果顾客犹豫不决，可以重新再进行一次商品介绍，也可以向周围别的顾客重复一遍商品介绍，还可以进行一些实际演示，这些方法可以让顾客有时间思考是否购买。

◆介绍商品的时候，跟顾客讲其他顾客的使用感受会更有说服力。

◆顾客问“选哪个好”时，不直接推荐自己的商品，而是拿两种差不多的商品，先介绍自己的商品，再介绍相比较的商品，最后补充介绍自己的商品，增加顾客购买自己商品的概率。

◆商品介绍的最后阶段，把标价牌重新摆在商品前面，在不知不觉中告诉顾客商品的价格。

◆顾客要求打折时，稍微停顿一下，然后拿出诚意与顾客交谈。

实践练习　PRACTICE

写下你在顾客犹豫时常用的推销方式，并思考是否有需要改进的地方。

改进的目标1：

可用的方法：

改进的目标2：

可用的方法：

改进的目标3：

可用的方法：

第 5 章

说服的艺术不在于“说”，而在于“服”

最近几年，我指导销售员的机会越来越多。每次指导大家的时候，我都会先说一句话，那就是“先从我们能做的做起”。我觉得，会卖东西的销售员和不会卖东西的销售员的不同之处就在于他们掌握的销售技巧的多少。同样的销售技巧，“知道”和“会用”是完全不一样的水平。因此，我希望记住技巧的销售员们能够在实际销售中进行实践。最初可能会经历失败，但是失败没关系，如果不坚持继续的话，技巧就永远不会成为自己的东西，也不能在实践中得到磨炼。

我在本书中介绍了各种我悟到的销售技巧，本章我将归纳总结出一些谁都可以做到的技巧。很简单的，请大家务必要试一试。

1. 记录，是显示专业性的有效工具

有的销售员从来不会主动跟顾客打招呼，就那么呆呆地站着。对于这样的销售员，我想严厉地说：“那样一直站着等的话，顾客是绝对不会过来问你‘你卖什么’的！”

因此，我在前一章介绍了很多跟顾客打招呼的技巧。试着用这些技巧和顾客打招呼吧！首先设一个跟三十个人打招呼的目标。

跟顾客打招呼的时候，请用后文的表格来做记录。我以前也用这个表，现在指导销售员的时候也用来作为记录明示表。表格的使用方法很简单，记下跟多少个人打了招呼，其中有多少人最后买了，记下来店时间，还有顾客的年龄层。不过并不是要求你每跟一个人打了招呼就记录，而是在你有时间的时候记。有点误差没关系，大致的人数能对上就可以了。

有点误差没关系，大致的人数能对上就可以了。

◎养成记录的习惯

通常情况下，表格的左边记录跟多少个人打过招呼，表格的右边记录有多少人最终购买。在左边记录向多少人发了传单也无妨。习惯表格记录以后，也可以在左边记下接受样品的顾客人数，停下来听了商品介绍的人数，触摸过商品的顾客人数。原则就是要把握你跟多少顾客接触了，其中有多少顾客最终购买了的数据。

刚开始记录的时候也许你会发现跟三十个人打了招呼，但没有一位顾客最终买了你的东西。但你可以分析一下，其中大概有百分之多少的顾客有打算买的想法。这个比例就是你成长的晴雨表。而且，如果你坚持记录，说不定什么时候，这张表就成了你的护身符。

做一张明示表，记录下跟多少位顾客打过招呼的明确数据

负责人姓名________________

年　月　日（　）　天气　气温　（　　　　）店

体验人数					
	20岁左右	30岁左右	40岁左右	50岁左右	60岁
10点～11点				丅	
11点～12点			正		
12点～13点				一	
13点～14点			丅	正	
14点～15点	一		正		
15点～16点	丅	下	下	正	
16点～17点		一	丅	一	
17点～18点		止	下	丅	
18点～19点		正	一		
19点以后					

购买人数					
	20岁左右	30岁左右	40岁左右	50岁左右	60岁
10点～11点					
11点～12点			一		
12点～13点					
13点～14点					
14点～15点			下	一	
15点～16点	一	丅		一	
16点～17点					
17点～18点			一		
18点～19点		一			
19点以后					

记录跟多少人打过招呼。

商品名	价格	卖出个数	价格
美容液	6000	12	72000
合计金额	¥		

顾客的反应

记录顾客对商品的感觉和意见。

个人感想

记录自己的感想。

＊ 销售结束后，确认签字

负责人签字：

委托你销售的人通常只会重视销售的结果，当一件商品极不好卖的时候，你可以拿出这张表格，告诉他你接触了多少位顾客，以表明卖得不好不是你自身没有努力。现实生活中，有很多商品本身质量很好，但因为价格太高卖不出去。当被委托卖这一类商品的时候，如果不记录下你跟多少客人打过招呼之类的信息，别人说“卖不出去都是因为销售员没能力”的时候，你就找不到证据来反驳。

所以，我希望大家养成记录的好习惯，将数据明确地反映在表格中。

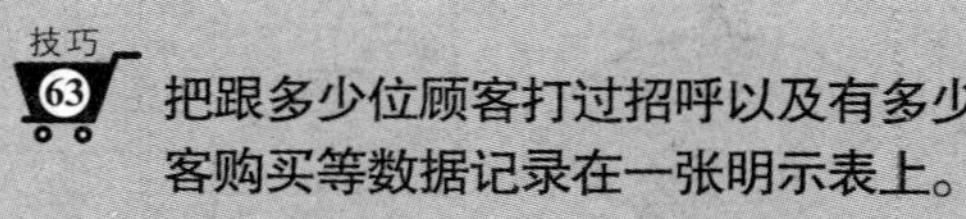

2. 只有被“上帝”看到的服务才是有效的付出

很多销售员工作时如果手里不拿点东西就会

觉得不安——这个时候销售员就会不自觉地逃避或者溜号，去找一些寄托。而通常所谓的寄托就是一些没用的促销道具，比如字小得看都看不清楚的海报。我一直认为，作为销售员，站在卖场的时候不是为了让经营商看到自己在工作，而是为了让顾客看到自己在服务。如果所有销售员都有这种意识的话，就能明确地区分清楚什么有用什么没用，就不会手拿一些没用的促销道具工作了。

为了吸引顾客的注意，销售员可以手拿自己做的宣传册子或者显眼的海报，如果没有这样的道具，两手空空也没关系。销售员首先要知道，即便手里什么都不拿也是正常的，不用觉得不安。不过话虽如此，也不能认为自己可以像迎宾那样，只要站在那儿就够了，一旦走入这个误区，就极可能陷入“游手好闲”的泥沼。

我这里所说的“游手好闲”是指手上做一些无关紧要的事情，比如拿着字小得顾客无法看清楚的没有任何意义的海报，比如不停地抠或者挠身体的某处。这些行为会给顾客留下浮躁、动作不文雅等不好的印象，导致你和顾客之间产生隔阂。

我这里所说的“游手好闲”是指手上做一些无关紧要的事情。

◎卖场是一个舞台，销售员们跳起来吧！

我指导销售员的时候一定会告诉他们一句话，那就是："跳起来吧！"

我指导销售员的时候一定会告诉他们一句话，那就是："跳起来吧！"跳起来并不是说跳舞，而是"有节奏地动起来"。守株待兔地站在那儿等着顾客过来的话，只可能让顾客逃得远远的；而一心要把商品卖出去的拼命三郎，也会让顾客觉得很烦。要让顾客不产生厌烦情绪，销售员要做的就是适当地专注于商品而非顾客。

销售员要做的就是适当地专注于商品而非顾客。

具体方法我在第二章做了相关介绍，比如整理商品陈列、摆货上架等。为了让顾客方便挑选，可以故意把货物摆乱点，可以把架上的商品重新摆一遍，可以拿着抹布把商品和货架都擦一擦。总之要敏捷地动起来，看到有发愁的顾客时也要迅速地提供帮助。顾客发愁的时候也不外乎是不知道厕所在哪儿，找不到自己想买的东西放在哪儿之类的事情。

我在东急HANDS做销售的时候比较多，人多的时候有时一天有将近一百人问我："请问你们店有××卖吗？"当然，作为派遣过来的销售员，我对店里其他商品并不熟知，但我会在围裙兜里放一份商品分布图，必要时就翻一翻找一

找，然后招呼临近的店员："这边有一位客人要买××，麻烦你接待一下。"

顾客问问题时如果一脸困惑或者干脆说"不知道"的话，会让顾客觉得你很不亲切。作为销售员，这是一种失职的表现。

如果店里的店员都很忙，那就先跟顾客说明你不是店员而是派遣来的销售员，然后再带着顾客找想要的商品。销售员一定要意识到，当你站在卖场接待顾客的时候，周围其他顾客都会观察你的行动。卖场是一个舞台，如果你表现得好，就能给顾客留下好说话、为人亲切的印象，顾客也就自然而然地聚过来了。所以，销售员们，跳起来吧！

明白一个道理：在卖场，即便手里什么东西都不拿也是正常的。

要意识到你接待顾客时的表现，周围的顾客也看在眼里。

3. 把头发扎起来，销售额就增加了20%

之前有一个女销售员找我谈过一次话：“河濑先生，为什么我卖东西总是卖不出去呢，怎么做才能让商品卖出去啊？”

通常别的销售员问我这个问题的时候，我会问他“你平时都是怎样跟顾客打招呼”之类的问题，但是我一看这位女销售员就立刻明白了她东西卖不出去的原因了。我给了她一个建议：“把发扎起来试试看。”

过了几个小时，这个女孩过来跟我说：“河濑先生，真的很管用啊，商品比平时好卖多了，销售额涨了20%，谢谢你！”

把头发扎起来，销量提高2成！

河濑先生，为什么我卖东西总是卖不出去啊？

把头发扎起来试试看。

商品比平时好卖多了，销售额涨了20%，谢谢你！

其实，其中的奥妙很简单，长头发如果遮住了脸就会让人觉得你整个人的状态不好。潜意识里谁都不愿意靠近状态不好的人。所以长头发的销售员就应该想点办法让头发不遮住脸。把头发扎到后面，左右别两个发夹，露出额头，整个人的状态会瞬间好起来。就这么简单的一个方法，就能让销售额涨20%。女销售员们要是不相信我的话，可以尝试一下。

◎为什么不能穿太显眼的衣服，不能佩戴过多首饰，不能喷香水

销售员不仅应该注意自己的发型，还应该注意衣着打扮。偶尔能看见一些穿着很显眼、很时髦，佩戴着项链、戒指、手表等装饰品的销售员。如果是服装店的销售员，这么打扮还行。但如果是一般的边演示边卖的销售员，没有统一制服的话，就尽量保证上身穿白色的，下身穿黑色的，而且装饰品一律不戴。

> 销售这一行主角是商品本身。所以销售员绝对不能把自己打扮得过于显眼。

销售这一行主角是商品本身。如果销售员的服饰打扮比商品还要显眼的话，顾客就不能将注意力集中在商品上，购买的欲望也就下降了。销售员的工作是让顾客对商品产生兴趣，所以销售员绝对不能把自己打扮得过于显眼。

同样的道理，香水也不能用。香味会直接刺激大脑，一些忘记的事情也会因为香水的刺激突然复苏。香水有着让人产生联想的作用，所以，如果有香味，顾客就会根香味随意地对商品进行联想，从而扰乱了对商品的正确判断，影响销售。不仅是香水，就算是带香味的其他商品也不要放在你销售的商品旁边。

同样的道理，香水也不能用。不仅是香水，就算是带香味的其他商品也不要放在你销售的商品旁边。

长发的女销售员要注意不要让头发遮住了脸。

上面穿白色，下面穿黑色，不佩戴装饰品，打扮简单一点。

香水会阻碍顾客购买，所以不能使用。

4. 声音很重要，但千万别用麦克风

蒙上眼睛用手摸香皂的话，大概可以知道它跟石头差不多。但是如果蒙上眼睛用棍子去触碰香皂的话，可能没人能联想到它像石头。

最近几年拿着麦克风像明星说话一般宣传商

> 与顾客说话之间加上麦克风或扩音器，给顾客的感觉就是没有真实感。

品的销售员越来越多，我觉得这不是一个好趋势。为什么这么说呢？因为在销售员自己的声音和顾客之间加上麦克风或扩音器的处理的话，感觉就前面说的让顾客拿着棍子捅一捅、敲一敲商品，然后进行判断一样，没有真实感。

以前有一位叫田中角荣的政治家，我看过他演讲时的照片。他在地方面向几十人进行演讲的时候，穿着长靴，用自己天生的嗓音演讲。几十个人的规模，不用麦克风或扩音器也行。我觉得他这么做能让人产生亲切感。后来田中角荣能在大城市里面对几千人演讲，也是因为他在地方演讲时给大家留下了好感。

商品也是一样，不会突然在几千人里面掀起热潮。通常都是在小地方受到人们的喜爱，然后经过众人口传逐渐推广。网络以及电视上介绍的商品信息通常都不太真实，顾客们都知道，电视上看到的都比实物好。因此，我们应该尽量展示商品最真实的一面，想要给商品制造最热情、最忠诚的粉丝，就不要利用那些把商品吹得天花乱坠的道具或途径。

我从来都不用麦克风，而是用自己最真实的声音，面朝顾客很诚恳地介绍商品的优点以及开

发者的想法和心血。

技巧69 **放弃麦克风，用自己最真实的声音面朝顾客介绍商品。**

5.你要相信，你自己就是顾客

常年从事销售工作，我感受很深的一句话就是“销售是一种心理学”。如果不知道顾客在想什么，销售的商品怎么都卖不出去；但一旦有一天突然明白了顾客的心理，那商品就一定能够好卖起来。

我在指导销售员的时候让他们学着模仿顾客。不可思议的是，这样的模仿对理解顾客心理相当有帮助。具体怎么练习呢？在卖场看到顾客在挑选商品的话，就仔细观察顾客的背影，然后想象挑选着商品的顾客心里在想什么。这种感觉就像漫画中为表现人物心理都在旁边加标注一样，这也和外国电影用日语配音的感觉差不多。它的要

领在于看着顾客的背影想象顾客在想什么，然后自己说出来。

举个例子，比如一位顾客站在厨房用具的货架前，拿起一个菜板：可以设想一下场景。顾客拿起偏薄的菜板："嗯……这个应该还比较好吧，轻巧，去户外野餐之类也比较方便……"然后顾客凑近了看说明书："相关的使用说明写在哪儿了啊？啊，字太小了，看都看不清楚。算了算了，太麻烦了，还是看看别的吧。"顾客又拿起一个相似的菜板，歪着脑袋开始研究："这个比刚才那个贵，有什么不同的地方啊？"就像这样去设想顾客的心理。

十年前刚刚从事销售的我，为了打发时间曾经像上面介绍的那样揣测顾客心理。就是在不停地揣测和模仿中，我开始真正把握住了顾客的心理。这样一来，我就明白了跟顾客介绍商品的哪些信息可以促成购买，我的销售额也随之上涨了。

看着顾客的背影想象顾客心里在想什么。

6. 交流传达的信息，70%在语言之外

你是否知道“梅拉宾法则”？它是由美国心理学家梅拉宾在1971年提出的，内容是一个人的行为会对他人产生多大影响的调查结果。外表之类的视觉印象占了55%，说话的语气快慢等听觉的印象占38%，而说的内容只占了7%。所以，与其用语言说明，不如在外观和海报之类刺激视觉的地方下功夫。手势就是利用视觉刺激的一个很好的方式。

我觉得只用手势都可以传达出很多意思。比如说数数时掰掰手指，表达商品大小的时候张开胳膊，描述形状的时候用手指画一画，想表现东西很坚硬的时候就握起拳头……总之，要想向顾客传达商品的优点，手势是必不可少的。

> 总之，要想向顾客传达商品的优点，手势是必不可少的。

满怀自信地向顾客推荐商品的时候，手由商品的上方迅速下划，然后“啪”地直线停下，一边做手势一边用断定的语气说：“您想要的就是这个了！”动作加上语言，更能让顾客感觉到你的自信。如果只是想单纯地介绍商品，那手就从斜上方下划，停下的瞬间手轻柔地划出一条曲线，同时说：“您要的东西在这里。”这样能给人柔和的感觉。

通过手腕的动作来表现商品的特征

很有自信地向顾客推荐时。

表达商品的柔软度时
手划出一条曲线。

除了声音，手的动作也可以表现出商品的特征。

> 为顾客指示商品时要注意手势，不要一根手指去指，要用整个手掌。

此外，我经常提醒销售员为顾客指示商品时要注意手势，不要用一根手指去指，要用整个手掌。理由很简单，尖的东西会让人觉得有敌意，感到不安。用一根手指指示会给人命令的感觉，如果用整个手掌的话顾客看着也安心。

技巧

很断定地向顾客推荐商品的时候，手从上往下划，然后“啪”地迅速直线停下。

技巧

表现商品的柔和感时，手停下的瞬间轻柔地划出一条曲线。

技巧 73

指示商品的时候要用整个手掌。

7. 好体力是做销售的本钱

相信所有销售员都有这样的体会，到下午三点疲惫会突然来袭。身体疲惫了，跟客人打招呼或者笑着接待顾客都会觉得很难受。我四十二岁才改行做销售，站的时间长了就体力不支，感觉特别累。但总得想点办法解决啊，于是我开始在食物和营养摄取上下功夫。经过我的各种尝试，发现以下几种方法很有效果，如果你感兴趣的话，可以尝试一下。

做销售很辛苦，到下午三点疲惫会突然来袭。

首先要介绍的就是柠檬酸。据说酸的东西对身体有好处，现在市面有很多柠檬酸的制剂可以很容易地补充身体所需。下午三点左右，我通常

会喝酸性饮料或者吃柠檬、橘子等水果补充维生素C。神奇的是，吃了以后真的觉得神清气爽，到下班还精神饱满。同样，下午三点左右由于站太久，血液集中到脚部，容易出现脑供血不足的情况，导致走神，然后工作没有干劲。这个时候就需要补充葡萄糖。我通常都吃一些带馅的面食，补充能量之后，短时间内就能恢复活力。

> 由于站太久，血液集中到脚部，容易出现脑供血不足的情况，导致走神。

此外，由于店里的空气通常都比较干燥，销售员们长时间都置身于容易感冒的地方。销售是需要交流的，因此保护好嗓子是销售员必须注意的事。当我觉得自己疲惫了或者要感冒时，就会每顿都吃很多的水果补充维生素C，然后晚上睡得饱饱的。有了丰富的维生素C和充足睡眠，我很少生病，这么多年也没有因为感冒发烧之类的疾病卧床。对销售员来说，身体就是革命的本钱，留意身体健康是非常必要的。

◎口渴的时候不要喝茶或饮料，要喝白开水

我在黄帽上班的时候，因为是在室外的停车场做销售，所以很容易口渴。尤其是夏天，不一会儿又渴了。渴的时候，我会喝白水。一些人口

渴了就喝茶，但是我不行。不知道为什么，每次喝完茶我喉咙里都会有痰。我以为只有我是这样，问问周围的朋友，发现大家都有一样的情况。介绍商品的时候，如果喉咙里有痰，说起话来会很不舒服，有时候说着说着就说不下去了。所以，我从事销售以后就决定以后水杯里都不装茶了。

> 喝完茶，嗓子里会有痰，会影响与顾客之间的对话。

后来我又发现，夏天的时候多加注意饮食对身体相当有好处，这也反映在了销售额的数字里。曾经在杂志上看到一篇报道，说马拉松运动员等专门从事运动的人都很注意饮食，同样，对销售员来说身体健康也是很关键的。正当我意识到这一点的时候，我偶然接触到了樱泽如一先生的思想。樱泽如一先生是“长寿饮食方法”的创始者，在海外也很有名。相信了解“长寿饮食方法”的人有很多，其中的主旨就是提倡以天然食物为中心，这是适合日本人身体素质的饮食习惯。

炎炎夏季，大家会觉得需要补充能量，于是多吃烤肉之类的肉食。但是我接受樱泽如一先生的方法，夏天控制肉的摄入量，多吃豆类和蔬菜。刚开始的时候，还隐隐觉得吃不饱，但是坚持一周以后收获了惊人的效果，身体感觉很有活力，一直站到下班也不觉得累。到现在为止，我

坚持了一年多了，少吃肉多吃豆类和蔬菜水果，体重也比最重的时候轻了二十公斤。所以我建议大家，夏天少吃肉多吃豆腐、豆类，多吃含丰富维生素的蔬菜。

累的时候吃酸的，补充柠檬酸和维生素 C。

下午三点推荐大家吃带馅的面食。

感觉累了或者要感冒的时候，补充维生素 C，保证充足的睡眠。

口渴时不要喝茶或饮料，要喝白开水。

夏天控制肉类摄入量，多吃豆类和蔬菜。

工具总结 SUMMARY

◆做一张明示表，记录下跟多少个顾客打过招呼的明确数据。

◆销售员站在卖场是为了让顾客看到自己在服务，要意识到在接待顾客的时候，周围的顾客也看在眼里。

◆长发的女销售员不要让头发遮住了脸，穿着打扮简单一点，禁止使用香水。

◆想要让顾客有真实感，就应放弃使用麦克风，用真实的声音向顾客介绍商品，展示商品最真实的一面。

◆仔细观察挑选商品的顾客的背影，想象顾客心里在想什么，以此揣测顾客心理。

◆用手势向顾客传达商品的优点。

◆练就好体力的方法：累的时候吃酸的，补充柠檬酸和维生素C，保证充足睡眠，多喝白开水，下午三点推荐大家吃带馅的面食，夏天控制肉类摄入量，多吃豆类和蔬菜。

实践练习 PRACTICE

理解顾客心理的练习：在卖场看到顾客在挑选商品时，仔细观察顾客的背影，然后想象顾客心里在想什么。

尝试做一张明示表，记录下跟多少位顾客打过招呼的明确数据。

第 6 章

你的目标不是卖掉，而是卖光

会卖东西的优秀销售员和不会卖东西的销售员有什么不同之处呢？在实际销售工作中，我见过很多销售员，也指导过很多销售员，在他们身上，我发现：会卖东西的优秀销售员和不会卖东西的销售员的根本区别在于他们的思想不同。

优秀销售员的思想是积极向上的，而不太会卖东西的销售员的思想有一些消极。具体又是怎么一回事呢？优秀销售员是怀着怎样的想法做销售呢？本章我将揭秘优秀销售员的思想。

1. 销售没有淡季

从开店到关店，每天都有好卖和不好卖的时间段，不好卖的时候就是顾客很少的时候。在顾客多、东西好卖的高峰时间段，谁都可以卖得很好；但是在顾客很少时，一般的销售员很难提高销售额。

我在东急HANDS做销售的时候，卖的东西大多是五千日元以下的商品。一般的销售员一天下来也就卖两万日元左右，周末等假期也就是三万到五万左右。刚刚开始做销售的销售员一天下来销售额为零的情况也不罕见。但是，在相同的条件下，我一天能卖十万日元，假期的话能达到二十万日元的销售额。我曾创下这样的纪录：单价三千日元的商品，一个月卖二十天，销售额达到二百七十万。我一个人的销售额顶一般销售员五人份，也就是说我的业绩是同事的五倍。

能达到这么高的销售额，是因为我在一般销售员认为不好卖的时间段下了大功夫。上午的确是一个很难卖出去东西的时间。我上午通常会跟年龄在五十岁左右且三个人一起逛街的女顾客打招呼，进行商品演示。首先判断好三个人里谁是

我在一般销售员认为不好卖的时间段下了大功夫。

“领导人物”，然后针对“领导人物”进行演示。演示给“领导人物”看的原因很简单，只要她决定购买，其他两个也一定会跟着买。而且和她们的交流对话会带来很好的宣传效果，简单地说就是口口相传。

“看看，看看，这个效果真的不错啊！”“是啊，比我经常用的保湿液还划算呢。”这样的对话周围的人也都听着。上午来店的顾客通常都很有主见，试一下之后，如果很中意，就会说出各种自己的看法。她们的话就像是现场直播的广告一样，非常有效。这样一想，上午十点到十二点就是可以和顾客慢慢交谈的时间段，也是宣传商品的绝佳时间。

想要提高销售额就得在所谓的不好卖的时间段下功夫。

上午要以五十岁左右三人一起来店的女顾客为销售目标。

2.如何打造爆品

不管是多好的商品，如果卖不出去，最终都会沦落到被撤下架的命运。每家店都有销售数据，记录着每种商品的销售额，相关人员会以此为基础通过电脑预算出这种商品下个月大概能卖多少，然后订货上架。也就是说，人们不是在自己研究数据而是什么都交给电脑程序来安排。所以，卖得不好的商品会被撤下架。

事实上，这种所谓的常识里面有很大的一个陷阱。陷阱就是，即便是卖得很好的商品也有可能被撤下架。也许很多人不相信，但是现实中本来好卖的商品被撤下架的例子有很多。为什么会出现这样的情况呢？原因就是在看销售实绩的时候，大家都关注的是销售额这个数据。也就是说，如果按照销售额高低来排序的话，单价低的商品即使卖得很多，总额不高也不能跻身到销售额排行前列。单价低的商品就被单价高的商品挡在后面，最终从货架上消失了。

> 常识里面的陷阱就是，即便是卖得很好的商品也有可能被撤下架。

◎用什么技巧能够凸显出单价低但是很好卖的商品呢？

如果我是店里的雇员，也许可以不必在意一件商品被撤下架。但是，我是受了厂家的恳切委托，为把他们的商品卖成热门商品而站在卖场的。所以，我一定要避免店长告诉我“这个商品销售额太低，下个月开始不再订货”的情况发生。我不能操纵销售额的数据，我能做的就是以店里的营业员为对象，制造出一种“这种商品很好卖”的氛围。

我经常在卖出一件商品后和顾客一起把商品拿到就近的收银台。通常就是几米的距离，远了也就五米，我会稍微离开一下卖场引导顾客，告诉顾客“收银台在这边”。这么做是为了吸引收银的工作人员的注意力。从收银台前通过二十次，能给收银员你通过的次数有四十次之多的感觉。于是在库房就会出现这样的话题：“那个商品看起来很畅销啊！”

此外还有吸引店铺负责人的技巧。我通常做的就是在一天销售完成后，自己画很多商品图样的明信片，一面说“谢谢”，一面在明信片上写下销售出的个数，把明信片送给负责人。当然，如果是单价高的商品，就不写个数写销售额。总之就是要制造出一种商品很好卖的印象。

画商品图样的明信片来引起大家的重视

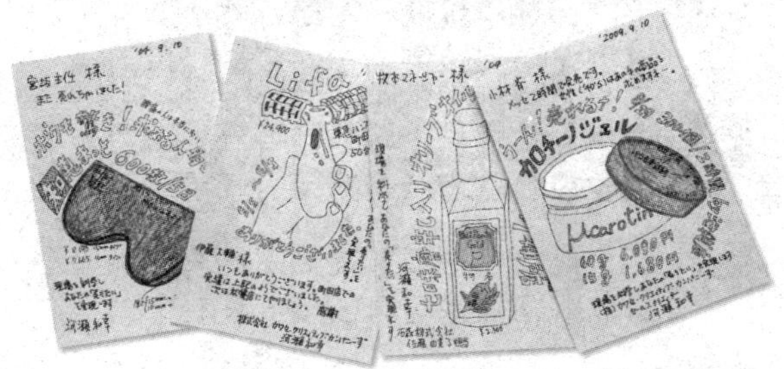

在明信片上画自己销售的商品，送给店铺的负责人；写上销售的个数或者销售额，让负责人意识到这种商品很畅销。这种扎实的品牌战略，可以让你销售的商品成为热门商品。

为什么要在明信片上画商品的图样呢？因为画在明信片上会很显眼，首先它会引起把明信片放到店铺负责人桌上的人的注意，然后它会吸引所有从桌子前通过的人的目光。这样一来，看过这张明信片的人都会从过去错误的认识中回过神来，达成共识："原来这个东西这么畅销啊！"

也许有人会说自己不会画画，其实我自己绝不是那种画得好的人。后面我将给大家介绍几个技巧，教你如何画一手好画。我就是凭借这些技巧让几种商品成为"印象十分深刻的商品"，并在店里口口相传。这让我赢得了厂家的信任，成为大家口中的"销售大王河濑先生"。

技巧81 **要想凸显单价低的商品，就不要写销售金额，而写销售个数。**

卖出一件商品，就和顾客一起把商品拿到收银台去，制造畅销的气氛。

销售结束后把画着商品图样写着销售个数的明信片送给店铺负责人。

首先吸引店内营业员，给他们“这种商品很畅销”的印象。

3. 如何让购买变成疯狂购买

一旦在一家店成功地销售了一种商品，之后只要在稍微下点功夫就能让这种商品在很多地方畅销起来，就像滚雪球一样，越滚越大。店与店之间都是有联络的，一种商品在某家店畅销的消息会很快传出去。尤其是规模稍小的店，和其他店之间的消息沟通更简单、更频繁。

如果是大百货店和专卖店，因为卖的商品种类很多，不可能每样商品都记得很清楚，销售额

较低的商品就不容易引起重视。不过，要知道不管是大店还是小店，负责采购进货的工作人员每天都在竖起耳朵、睁大眼睛，寻找卖得很好的商品。所以，只要你把一种商品很畅销的信息准确地传达出去，即便是单价低、销售总额不高的商品也极有可能被发掘，成为热门商品。

◎如何让商品在更广的范围内畅销

一种商品在几十家店畅销后，就会波及几百家、几千家店，然后就会受到全国范围的几万家店的关注。传播的速度越来越快，继而在几十万家店都能掀起热潮。就像走红前的音乐家一样，一点点积蓄力量，影响越来越大。“柚子”乐队还不出名的时候，是在横滨伊势佐木町的一家名叫松坂屋的店门前唱歌的。就是在那里受到一些群众的喜欢，继而成为“受欢迎的新人”，在全国都有名起来。

商品也是这样，一旦在一家店受到欢迎，就有可能瞬间席卷全国。这样一来所有人都会关注它，在店面出名后就上报纸、电视，也有机会作为“热门商品”被杂志刊载介绍。对商品来说，上杂志是一个极大的飞跃。在我指导销售的商品

中，有好几样都是以电视报道为契机，实现了销售大飞跃。

我在东急HANDS做销售的时候，负责的商品也经常受到媒体的关注。在北海道被北海道电视台报道，在名古屋被东海电视台报道，在广岛被广岛电视台报道。走到哪里，就在哪里创造热潮。我也曾经通过发传真、写明信片告诉电视台工作人员什么商品很好卖。

相比写邮件添加一张商品图片来说，传真和明信片更能给人留下深刻印象。不过要想让商品实现飞跃，归根结底还是需要销售员通过一定的技巧和努力创造出很好的销售业绩。销售员认真地工作是一切光环的基础。

我经手的商品连续八年都摘得了东急HANDS年销售额第一的桂冠。

全国的东急HANDS商场经营的商品有十七万种之多。在这十七万种商品中我销售的商品有二十种曾达到月销售额第一。仔细数一数，我经手的商品连续八年都摘得了东急HANDS年销售额第一的桂冠。看了这些数据，相信你更能体会销售员的能力对商品命运的影响有多大。

技巧85 向其他店也传达“这件商品好卖”的信息。

技巧86 想一想什么地方什么人需要了解哪种商品畅销的信息，然后有目标地将信息传达出去。

技巧87 有效利用报纸、杂志等大众传媒，自己主动向媒体提供商品信息。

4.宣传用“长得好”的字画就能卖得好

我做营业的时候，写字不好看，画画也不行。因为字写得不好看，我的上司曾经严厉批评我，说我写的东西他根本看不懂。于是我开始苦练，临摹字帖，每天练习。现在大家都说我的字写得好看。一手好字带给我很多好处，我以前做营业时，要写感谢信之类的文书，字漂亮，对方看着也舒服。现在做销售时，自己写海报也是得心应手。

我画画得不好，于是我沿用练字时用的临摹的方法，摸索出了画一手好画的门道。这种方法

共五个步骤，顺序很简单，先用相机把商品拍下来，然后打印成明信片大小。这一步最花时间，后面就简单了。用一张透明纸蒙在照片上临摹出商品的轮廓，然后再把玻璃纸蒙到明信片上，稍微用点力描一遍，在明信片上留印，再沿着印画一遍，最后涂色，完工。

我做营业员的时候也用这种方法画明信片送给客户。收到明信片的顾客都很高兴，有的顾客收到十张我送的明信片后，就决定从我们公司订货了。也多亏这些明信片，我接下过几桩几亿日元的生意。其实我能和黄帽集团的键山秀三郎先生结识，也是因为我画了很多明信片送给他，给他留下了好印象。

即便步入社会也可以练出一手好字。

掌握五步画图法，谁都可以画一手好画。

利用相机和透明纸画一手好画

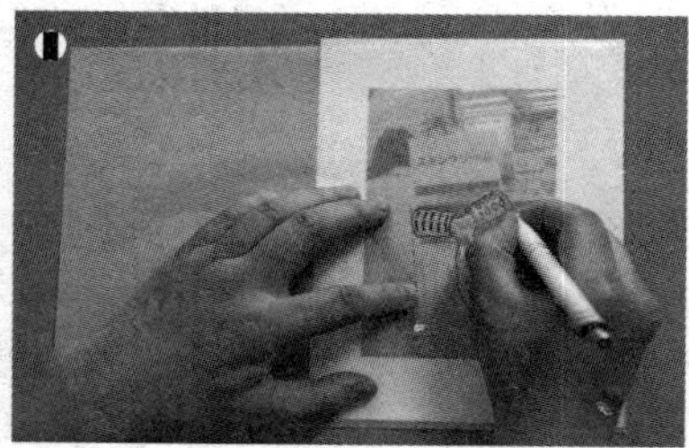

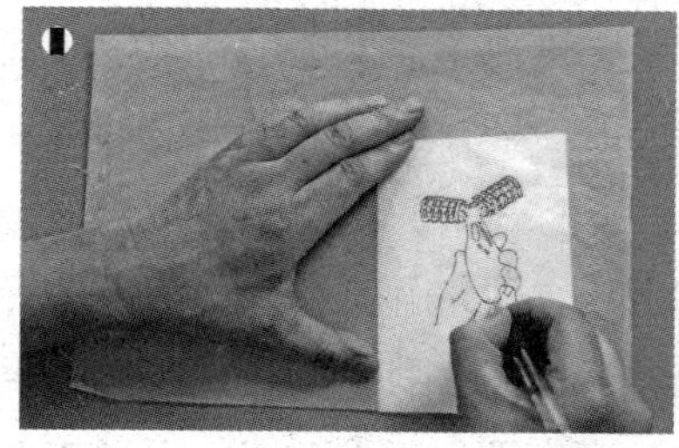

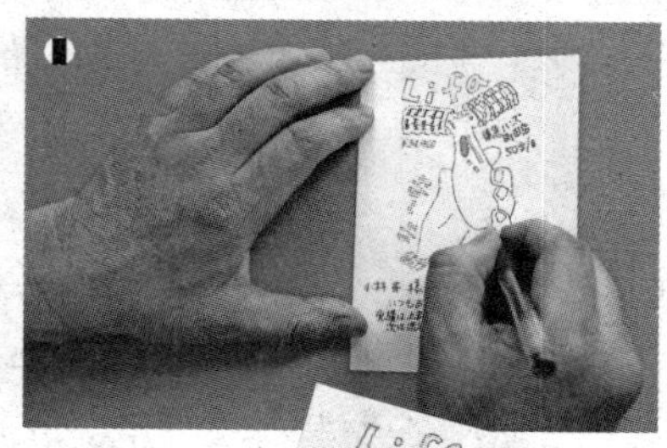

①把想画的商品拍下来，打印出来。（打印的时候根据需要调整大小，如果想画在明信片上，就按明信片的大小打印。）
②在照片上蒙上透明纸，用铅笔描出商品轮廓。（透明纸是一种半透明的纸，文具店都有卖。）
③把画好商品图像的透明纸蒙在明信片上，用铅笔重重地描一遍。（最好选用明信片这种稍微有点厚，容易留印的纸。）
④用黑色或蓝色圆珠笔，沿着纸上留下的印再描一遍。
⑤用彩笔上色。

完成！

Point 用临摹照片的方法，不管是画人物还是画商品，都可以画得很好。

5. 投诉的顾客吃软不吃硬，得“以柔克刚”

前面我也多次提及，如果你态度稍微强硬一点，顾客还是会决定购买的，但如果尝到这个甜头后开始强卖的话，必然会招致顾客投诉，最后还是自食其果，也损害了店铺的形象。因此，绝对不能强卖。但是，谁也不能保证不强卖顾客就不会投诉，其实很正常地销售也可能招来投诉。

顾客投诉的时候，通常都是把自己的不满告诉店铺或者卖场的负责人。我自己在很多卖场销售过，从没直接从顾客那里听到对我的不满或抱怨，都是相关负责人转达给我的。如果顾客对你投诉太多，负责人就会想：“怎么又是那个人啊？”“最近投诉他的好多啊！”他对你的印象就越来越不好。

◎为自己打造“能干”的形象

那么，当遭遇投诉的时候，销售员应该怎么保护自己呢？

我们在表达肯定推断的时候通常会说“肯定

是那样的”这句话。在销售这行，这句话常被用在两个场景中。

第一种：顾客来投诉的时候，“那个人啊，平时投诉就很多，肯定是如顾客所说的那样，他态度不好”。

第二种：顾客打电话来道谢的时候，“那个人啊，就是特别能干，肯定是如顾客所说那样，他态度很好”。

对销售员来说，上面两种场景哪种更多，他的形象就被定位在哪一边。而且，一个人的形象一旦被定位了，就很难再改变。

顾客的投诉通常都是很主观的，几乎都是“我真没想到质量会这么不好”之类的话。因此，很多投诉都是没有根据的。遭到投诉的时候，要想让受理投诉的工作人员帮你说话，你平时的态度很重要。如果你能力强，平时态度也好，表现也好，即便有顾客投诉你，投诉受理人也会保护你：“顾客，您的不满我们理解，但是您说的那位销售员一直都很能干，态度也很好，是不是您误会了？”

那么要想保持自己的良好形象，销售员应该怎么做呢？一个原则：提高自己与人交流的能力。

一个原则：提高自己与人交流的能力。

具体点说其实很简单，注意每天都要和店员们说三句话："早上好""谢谢""我先走了"。就这三句简单的问候，无论是在店面还是在仓库，只要你每天见到店里店员时都精神饱满地问候一下，大家对你的印象就会非常好。即使有顾客投诉你，大家也会觉得不可能是你的错。

像我们这样被派遣到各个店的销售员是没有后台的。直接受理投诉的负责人接到关于你的投诉时，是会认为"那个人绝对不会做这样让顾客不满的事情，其中一定有误会"，还是会觉得"果然那个人的做法不对，这不就出问题了吗"，负责人的态度决定了你以后在这家店将受到何种待遇。获得了店员的好感就能在关键时刻保护自己，也能让销售工作愉快地进行下去。所以，为了拉近自己和店员之间的距离，先从这三句简单的问候开始吧。

为自己打造"很能干"的形象。

优秀的销售员都会很热情地和店员打招呼。

工具总结　SUMMARY

◆上午不好卖的时间段，以五十岁左右三人一起来店的女顾客为销售目标。

◆单价低的商品不被下架的妙招：不写销售额，而是写销售个数；卖出一件商品，就和顾客一起把商品拿到收银台去，让收银员觉得商品畅销；销售结束后把画着商品图样、写着销售个数的明信片送给店铺负责人。

◆通过画商品图样的明信片的方式来引起大家的重视，给他们“这种商品很畅销”的印象。

◆制造畅销商品的妙招：把商品畅销的信息传达给其他店的采购工作人员；主动向媒体提供商品信息，有效利用报纸、杂志等大众媒体进行宣传。

◆用临摹的方法练就一手好字，字漂亮，对方看着也舒服。

◆用临摹的方法画一手好画送给客户，让客户感受到你的真诚，也许生意自然而然就成了。

◆热情地跟店员打招呼，给同事留下“能干”的印象，即使遭到顾客投诉，店铺负责人也会帮你说话。

实践练习 PRACTICE

假设你在卖场工作，生意不好的上午，逛街的大多是老人，该如何吸引老人的注意，打开银发市场呢?

假如有客人投诉你，你应该如何保护自己呢?

后记

键山先生如是说：“只要坚持，一只筷子也能在一盘水中搅起漩涡。”

刚进黄帽公司、对销售一窍不通、总想着逃避的我，曾经跟键山先生说：“我想辞职……”那时候键山先生是这么回答我的：“河濑，你有一项特长，就是很强的观察力。把你通过认真观察研究出来的方法用在销售实践中吧！”我一直记着键山先生的这段话，开始站在卖场观察顾客。自己设想出各种促进顾客购买的方法，然后去尝试。刚开始时不成功的例子居多，但是即便失败了，我也可以知道“哦，原来这样是行不通的”，这也是一种进步。

从黄帽辞职出来后，我以东急HANDS为中心，在很多百货店和超市做过销售。键山先生的教诲我铭记于心，我一直在观察的基础上进行销售。最终，我在本书中介绍的各种销售技巧成为我的血和肉。

键山先生曾经跟我说过一句话："只要坚持，一只筷子也能在一盘水中搅起漩涡。"用一只筷子在一盘水中搅动，刚开始水是不会跟着动起来的，但是只要坚持，不停地搅动，周围的水就开始一点一点地转起来，最后整盘水都会转起来卷起大漩涡。四十二岁刚踏进销售的世界时，我总想着逃避。后来横下心来踏踏实实地研究销售技巧，才有了今天的我。我的经历不正像用筷子在一盘水里搅动一样吗？

就像没有人生下来就会骑自行车一样，没有人天生就会卖东西。专业的足球选手也是从最初的门外汉，通过不断练习成为专业选手的。销售也是一样，每天坚持练习的话，东西就会越来越好卖。我衷心地希望读了这本书的你，能够将我介绍的销售技巧一个一个用于实践，加以研究，最后能够在一盘水中搅起漩涡。

最后，我要借此机会感谢键山秀三郎先生，没有您的帮助就没有今天的我。感谢一直支持我的伙伴和在卖场照顾过我的人们，还有给我机会磨炼技巧的顾客们。感谢已经逝去的竹中博先生，没有你的话，我就不会出这本书。

然后我还要感谢向我推荐出版社的真剑公司总经理井场元伸幸先生，以及把我介绍给出版社的NPO法人企划负责人崛内伸浩先生。我对出版一点也不了解，所以，我在此真诚地感谢热心帮助我的宝石出版社的木村香代女士。感谢我最爱的家人，感谢读了这本书的所有读者，谢谢你们！

河濑和幸　2010年7月

	是	不确定	不是
（31）你总是对人一见如故。	（ ）	（ ）	（ ）
（32）你喜欢表现自己。	（ ）	（ ）	（ ）
（33）开会时，你喜欢坐在显眼的地方。	（ ）	（ ）	（ ）
（34）你在众人面前总是能爽快地回答问题。	（ ）	（ ）	（ ）
（35）你愿意经常和朋友在一起。	（ ）	（ ）	（ ）
（36）逛商店时，看到好东西立即就会买下来。	（ ）	（ ）	（ ）
（37）对别人的意见，你很容易接受。	（ ）	（ ）	（ ）
（38）你喜欢高谈阔论。	（ ）	（ ）	（ ）
（39）决定问题时，你是一个爽快的人。	（ ）	（ ）	（ ）
（40）常常不等别人把话讲完，你就觉得自己已经懂得了。	（ ）	（ ）	（ ）
（41）当遇到挫折时，你不轻易丧气。	（ ）	（ ）	（ ）
（42）碰到高兴事时，你极容易喜形于色。	（ ）	（ ）	（ ）
（43）对别人的事情，你不太注意。	（ ）	（ ）	（ ）
（44）你喜欢憧憬未来。	（ ）	（ ）	（ ）
（45）你相信自己不比别人差。	（ ）	（ ）	（ ）
（46）你不太注意外表。	（ ）	（ ）	（ ）

	是	不确定	不是
（15）你容易羡慕别人的成绩。	（ ）	（ ）	（ ）
（16）你很在意别人对你的看法。	（ ）	（ ）	（ ）
（17）发现异常现象时，你容易产生丰富的联想。	（ ）	（ ）	（ ）
（18）你总是把家里收拾得干干净净。	（ ）	（ ）	（ ）
（19）你做事很细心。	（ ）	（ ）	（ ）
（20）你十分注意维护自己的信用形象。	（ ）	（ ）	（ ）
（21）你信奉“不干则已，干则必成”的信念。	（ ）	（ ）	（ ）
（22）拿到一本书，你可以反反复复看几遍。	（ ）	（ ）	（ ）
（23）你做事情大多有计划。	（ ）	（ ）	（ ）
（24）你在学习时，不容易受外界干扰。	（ ）	（ ）	（ ）
（25）读书时，你的作业大多整洁、干净。	（ ）	（ ）	（ ）
（26）一旦对人形成一种看法，你不会轻易改变这一看法。	（ ）	（ ）	（ ）
（27）你不喜欢体育活动。	（ ）	（ ）	（ ）
（28）在买东西前，你总要思前想后。	（ ）	（ ）	（ ）
（29）遇到不愉快的事情，你会长时间生气。	（ ）	（ ）	（ ）
（30）你常常担心自己会遭遇失败。	（ ）	（ ）	（ ）

本测试共有60道题目，每题都有“是”“不确定”“不是”三种选项，请选择最适合你的一种。

	是	不确定	不是
（1）站在大庭广众面前时，你会感到不好意思。	（ ）	（ ）	（ ）
（2）你愿意一个人独处。	（ ）	（ ）	（ ）
（3）与陌生人打交道，你感到不容易。	（ ）	（ ）	（ ）
（4）遇到不快乐的事情时，你能抑制感情，不露声色。	（ ）	（ ）	（ ）
（5）你不喜欢社交活动。	（ ）	（ ）	（ ）
（6）你不会轻易把自己的想法告诉别人。	（ ）	（ ）	（ ）
（7）遇到问题，你喜欢刨根问底。	（ ）	（ ）	（ ）
（8）你凡事很有主见。	（ ）	（ ）	（ ）
（9）会议休息时，你宁肯一个人独坐也不愿同别人聊天。	（ ）	（ ）	（ ）
（10）遇到难题时，你非弄懂不可。	（ ）	（ ）	（ ）
（11）你不善于和人辩论。	（ ）	（ ）	（ ）
（12）你时常因为自己的无能而沮丧。	（ ）	（ ）	（ ）
（13）面对选择时，你常常犹豫不决。	（ ）	（ ）	（ ）
（14）你喜欢把自己和别人比较。	（ ）	（ ）	（ ）

	是	不确定	不是
(47)即使做了亏心事，你也会很快遗忘。	( )	( )	( )
(48)你自己放的东西，却常常不知在哪里。	( )	( )	( )
(49)对于别人的请求，你总是乐于帮助。	( )	( )	( )
(50)你总是热情来得快，消退得也快。	( )	( )	( )
(51)你做事情更注意速度而不是质量。	( )	( )	( )
(52)你不习惯长时间看书。	( )	( )	( )
(53)你的兴趣广泛，但经常变换。	( )	( )	( )
(54)在开会时，你喜欢同人交头接耳。	( )	( )	( )
(55)答应别人的事情经常会忘记。	( )	( )	( )
(56)你容易和人交朋友。	( )	( )	( )
(57)对电视中的球赛节目，你非常感兴趣。	( )	( )	( )
(58)你不看重经验，不惧怕从来没做过的事情。	( )	( )	( )
(59)做错了事，你很容易承认和改正。	( )	( )	( )
(60)你容易原谅他人。	( )	( )	( )

评分标准

1–30题，答“是”计为0分，“不确定”计1分，“不是”计2分。

31–60题，答“是”计为2分，“不确定”计1分，“不是”计0分。

合计得分90分以上，是典型的外向性格，适合做销售。

合计得分71~90分，是稍外向性格，较适合做销售。

合计得分51~70分，是外、内混合型性格，较适合做销售。

合计得分31~50分，是稍内向性格，不适合做销售。

合计得分30分以下，是典型的内向性格，不适合做销售。

小测试

不同的职业需要不同的人才，每个人的性格也会对你的职业选择产生影响。如果你准备选择或已经选择销售职业，那就应该了解这份职业需要什么，更重要的是，你是否适合这份职业。下面这份测试可以帮助你了解自己的性格特征，以及你对销售这份职业的匹配度，快来测测吧，5分钟就可以完成。